中国特色高水平高职学校和专业建设计划建设成果
浙江省高职院校重点暨优质校建设成果
浙江省高校"十三五"优势专业投资与理财专业建设成果
浙江省普通高校"十三五"新形态教材项目
《投资理财综合技能》课程系列教材

外汇黄金投资

FOREIGN EXCHANGE AND GOLD INVESTMENT

主　编　裘晓飞　张润禾
副主编　李　武

ZHEJIANG UNIVERSITY PRESS
浙江大学出版社
·杭州·

图书在版编目（CIP）数据

外汇黄金投资 / 裘晓飞，张润禾主编. -- 杭州 ：
浙江大学出版社，2020.12（2025.1重印）
ISBN 978-7-308-20691-4

Ⅰ. ①外… Ⅱ. ①裘… ②张… Ⅲ. ①外汇交易－投
资－教材②黄金市场－投资－教材 Ⅳ. ①F830.92
②F830.94

中国版本图书馆CIP数据核字(2020)第204498号

外汇黄金投资

裘晓飞　张润禾　主编　李　武　副主编

责任编辑	赵　静	
责任校对	陈　宇	
封面设计	林智广告	
出版发行	浙江大学出版社	
	（杭州市天目山路148号　　邮政编码　310007）	
	（网址：http://www.zjupress.com）	
排　　版	杭州林智广告有限公司	
印　　刷	浙江新华数码印务有限公司	
开　　本	787mm×1092mm　1/16	
印　　张	5.75	
字　　数	106千	
版印次	2020年12月第1版　2025年1月第4次印刷	
书　　号	ISBN 978-7-308-20691-4	
定　　价	24.00元	

前　言

本书是浙江省在线开放课程《投资理财综合技能》系列教材，依据国家财富管理专业教学标准、金融理财行业准则，对接职业院校学科技能竞赛，基于金融行业相关岗位如银行国际业务岗、个人金融岗，以及金融机构其他财富管理相关岗位的工作任务所开发。本教材主要围绕"外汇"和"黄金"这两项主要的理财工具展开教学和实训，秉承"以人为本"的新时代职业教育目标，力求培养符合国家化标准并具有全球视野的高端财富管理人才。

党的二十大描绘了中国式现代化的宏伟愿景，为金融报国和金融服务经济高质量发展提供了根本遵循。新时代的财富管理职业人需始终不渝以习近平新时代中国特色社会主义思想为指导，坚定不移走中国特色金融发展之路，把党的二十大作出的重大决策部署付诸行动、见之于成效，奋力书写金融服务中国式现代化新篇章。

以学生为中心，通过多角度合作和现代化教学手段，完成工作任务向教学任务的提升，完善学生的体验式参与，通过实训目标、实训内容、实训知识、实训示例和实训要求等教材模块引导学生开展职业仿真实训任务，提升职业素养，是本系列实训教材努力的目标。

Contents **目 录**

实训八　非实物黄金投资

实训一

外汇基础知识

► **实训目的**

1.了解外汇、汇率和外汇市场的概念以及外汇市场的特征。

2.认识外汇交易的主要货币种类；掌握外汇交易的类型，看懂外汇牌价。

3.了解外汇行情分析软件的功能。

► **实训内容**

1.认识世界主要货币。

2.进入外汇行情分析系统，了解基准汇率、交叉汇率的主要交易品种，并利用技术分析，对即时行情和历史行情进行分析。

3.查看外汇牌价，并根据牌价对客户进行报价。

4.登入 iFinD 金融实验室，尝试进行外汇交易。

► **实训知识**

一、外汇基础知识

（一）外汇

外汇（foreign exchange）是指外国货币或以外国货币表示的可以用作国际清偿的支付手段和资产。2008 年 8 月修订颁布的《中华人民共和国外汇管理条例》第三条对外汇的具体内容作出如下规定：①外币现钞，包括纸币、铸币；②外币支付凭证或者支付工具，包括票据、银行存款凭证、银行卡等；③外币有价证券，包括债券、股票等；④特别提款权；⑤其他外汇资产。

认识外汇

— 1 —

世界主要货币介绍：

1. 美元

美元的发行权属于美国财政部，办理具体发行的是美国联邦储备银行。目前流通的纸币面额有 100 美元、50 美元、20 美元、10 美元、5 美元、2 美元、1 美元等 7 种。每张钞票正面印有券类名称、美国国名、美国国库印记、财政部官员的签名。美钞正面人像是美国历史上的知名人物，背面是图画。

2. 欧元

欧元源于 1989 年提出的道尔斯计划。自 1991 年 12 月 11 日，马斯特里赫特条约启动欧元机制以来，到 1999 年年初，大多数欧盟国家都把它们的货币以固定的兑换比例同欧元联结起来。根据马斯特里赫特条约，欧洲单一货币叫作"ECU"。1995 年 12 月，欧洲委员会决定将欧洲单一货币改名为欧元（Euro）。欧元共分 7 种面值，即 5 欧元、10 欧元、20 欧元、50 欧元、100 欧元、200 欧元和 500 欧元。每种纸币正面图案的主要组成部分是门和窗，象征着欧盟推崇合作和坦诚的精神。纸币的反面是各类桥梁，包括很早以前的小桥和先进的吊桥，象征着欧洲与其他国家之间的联系纽带。

3.英镑

英镑为英国的本位货币单位，由英格兰银行发行。1971年2月15日，英格兰银行实行新的货币进位制，辅币单位改为新便士（New Penny），1英镑等于100新便士。目前，流通中的有5英镑、10英镑、20英镑和50英镑面额的纸币，另有1新便士、2新便士、5新便士、10新便士、50新便士及1英镑的铸币。

4.澳大利亚元

澳大利亚元又称澳元，是澳大利亚的法定货币，由澳大利亚储备银行负责发行。目前澳大利亚流通的有5澳元、10澳元、20澳元、50澳元、100澳元面额的纸币，另有1分、2分、5分、10分、20分、50分的铸币。所有铸币的正面图案均为英国女王伊丽莎白二世头像。新版澳大利亚元是塑料钞票，经过近30年的研制才投入使用，它是以聚酯材料代替纸张，耐磨，不易折磨，不怕揉洗，使用周期长且手感特别，具有良好的防伪特性。

5. 加拿大元

加拿大元由加拿大银行发行。加拿大纸币有 1 加元、2 加元、5 加元、10 加元、20 加元、50 加元、100 加元、1000 加元等 8 种面额。另有 1 加元和 1 分、5 分、10 分、25 分、50 分的铸币。硬币正面均铸有英国女王伊丽莎白二世头像，背面铸有加拿大的英文 "CANADA" 字样。加拿大居民主要是英、法移民的后裔，分英语区和法语区，因此钞票上均使用英语和法语两种文字。

6. 日元

日元由日本银行发行。日本发行的纸币面额有 10000 日元、5000 日元、1000 日元、500 日元、100 日元、50 日元、10 日元、5 日元、1 日元等，另有 500 日元、100 日元、50 日元、10 日元、5 日元、1 日元的铸币。日本钞票正面文字全部使用日本汉字（由左至右顺序排列），中间上方均有 "日本银行券" 字样，钞票均无发行日期。发行单位负责人是使用印章的形式，即票面印有红色 "总裁之印" 和 "发券局长" 图章各一个。

（二）汇率

1.汇率的含义

汇率又称汇价（Exchange Rate），是指两种不同货币之间的兑换价格。如果把外汇也看作一种商品，那么汇率即外汇市场上用一种货币购买另一种货币的价格。

2.汇率的标价方法

（1）直接标价法（Direct Quotation）

以一定单位的外国货币为基准，规定对一定单位的外国货币应兑换若干单位的本国货币。这种方法是外国货币数额不变，如外汇汇率上升，要付出更多的本国货币。目前世界上大部分国家（包括中国）都采用直接标价法。

例1 2019年X月X日，外汇市场欧元对人民币汇率的中间价为：

1 EUR=7.8398 CNY

表示1欧元可以兑换7.8398元人民币（本币）。在直接标价法下，若一定单位的外币折合的本币数额多于前期，则说明外币币值上升或本币币值下跌，叫作外汇汇率上升，即外币的价值与汇率的涨跌成正比；反之，如果用比原来少的本币即能兑换到同一数额的外币，这说明外币币值下跌或本币币值上升，叫作外汇汇率下跌。

（2）间接标价法（Indirect Quotation）

以一定单位的本国货币为基准，规定对一定单位的本国货币应兑换若干单位的外国货币。本国货币数额不变，如果外汇汇率上升，换回的外国货币减少。采用间接标价法的国家包括英国、美国（除英镑外）、澳大利亚、新西兰等。

例2 2019年X月X日，纽约外汇市场行情：

1 USD=106.43 JPY

表示1美元（本币）可以兑换106.43日元。

（3）美元标价法（U.S.Dollar Quotation）

美元标价法是指在国际进行外汇交易时，银行的报价通常以美元为基准来表示各国货币的价格，即以若干数量非美元货币来表示一定单位美元的价值。由于美元在货币定价、国际贸易计价、国际储备、干预货币、交易货币、存放款和债务发行等方面都起着重要的作用，因此，目前世界各大国际金融中心的货币汇率都以美元的比较为准。

例3 2019年X月X日，瑞士某银行外汇牌价：

1USD=0.9826 CHF、1USD=106.435JPY

[思考]"受中美贸易战等因素的影响，近半年来人民币兑美元的汇率从6.7114上涨至7.0625。"请问：这说明近期人民币在贬值还是升值？

3.汇率的种类

根据银行买卖外汇的角度不同，汇率可以划分为买入汇率、卖出汇率、中间汇率和现钞汇率。详见表1-1。

外汇牌价

表1-1 2019年8月22日13:09中国银行外汇牌价

货币名称	现汇买入价	现钞买入价	现汇卖出价	现钞卖出价	中行折算价	发布日期
美元	705.97	700.23	708.96	708.96	704.9	2019-8-22
阿联酋迪拉姆		185.82		199.3	192	2019-8-22
澳大利亚元	476.49	461.69	480	481.17	478.33	2019-8-22
巴西里亚尔		168.66		184.47	175.44	2019-8-22
加拿大元	529.7	512.97	533.6	534.89	530.74	2019-8-22
瑞士法郎	717.3	695.17	722.34	724.71	718.11	2019-8-22
丹麦克朗	104.71	101.48	105.55	105.84	104.88	2019-8-22
欧元	781.33	757.05	787.09	788.84	781.83	2019-8-22
英镑	854.58	828.02	860.87	862.96	855.48	2019-8-22
日元	6.6233	6.4175	6.672	6.6757	6.6154	2019-8-22
韩国元	0.5841	0.5635	0.5887	0.6101	0.5863	2019-8-22
澳门元	87.51	84.58	87.85	90.67	87.5	2019-8-22
林吉特	169.63		171.17		168.85	2019-8-22
挪威克朗	78.63	76.21	79.27	79.49	78.86	2019-8-22
新西兰元	449.18	435.32	452.34	457.88	451.52	2019-8-22
菲律宾比索	13.46	13.04	13.56	14.2	13.53	2019-8-22
卢布	10.7	10.04	10.78	11.19	10.73	2019-8-22
沙特里亚尔		183.35		192.89	188.04	2019-8-22
瑞典克朗	73.12	70.86	73.7	73.91	73.31	2019-8-22
新加坡元	508.56	492.87	512.14	513.67	509.65	2019-8-22
泰国铢	22.88	22.17	23.06	23.77	22.91	2019-8-22
土耳其里拉	122.99	116.96	123.97	139.88	123.18	2019-8-22
南非兰特	46.21	42.67	46.53	50.07	46.41	2019-8-22

①买入汇率（Buying Rate）又称买入价，是指银行买入外汇时的汇率。

②卖出汇率（Selling Rate）又称卖出价，是指银行卖出外汇时的汇率。

中国银行实时外汇牌价

③中间汇率（Middle Rate）是指买入汇率与卖出汇率的平均数，又称中间价。其计算公式为

$$中间汇率 =（买入汇率 + 卖出汇率）/2$$

④现钞汇率（Bank Notes Rate），是买卖外汇现钞的价格。现钞汇率一般是电汇汇率减去运费、保险费和途中利息。

[思考]根据表1-1中所示的汇率牌价，回答：

（1）如果张某当前需要兑换1000美元现钞，需要多少元人民币？

（2）如果李某收到500欧元电汇汇款，可以兑换成多少元人民币？

（三）外汇的报价

外汇投资过程中，若预测某两种外汇之间的汇率比价将上升，说明预测前的一种外汇升值，可以买入前一种货币，卖出后一种货币；若预测汇率将下跌，说明预测前一种外汇将贬值，可以买入后一种货币，卖出前一种货币。

外汇买卖报价采用A/B的格式，A是被报价的货币（可以视为商品），B是报价货币（可以视为货币），千万要注意这一切都是从银行角度出发的。也就是说，所有的报价都是站在银行的角度。"A/B"读为"A对B"。买入价表示银行买入1单位A货币所付出的B货币的数量；卖出价表示银行卖出1单位A货币所得到的B货币的数量。银行从客户处买入外汇（标价中列于"/"左边的货币，即基础货币）时所用的汇率称为买入价（Bid Rate）；而银行卖出外汇（标价中列于"/"左边的货币，即基础货币）时所用的汇率称为卖出价（Offer Rate）。例：买入价/卖出价（美元/日元）为117.50/118.00，客户卖美元买日元，用117.50美元；客户卖日元买美元，用118.00日元。

（四）外汇交易术语

（1）直盘和交叉盘。直盘是指在国际外汇市场上，一个交易系统所默认的货币跟其他货币进行兑换。可以简单地这样理解：如果你用的盘面是以美元为基本单位的，那么凡是和美元直接联系的，都是直盘。如：美元/日元、欧元/美元、英镑/

美元、美元／瑞郎、澳元／美元、美元／加元。交叉盘则是指除美元之外的货币相互之间的比率，如：欧元／日元、欧元／英镑、英镑／日元、欧元／澳元等。

（2）多头、空头。大家常听到"做多""做空"这两个词，做多是指买进某个货币对的看涨合约，做空是指买进某个货币对的看跌合约。买进某个货币对的看涨合约之后，称之为该货币对的多头；买进某个货币对的看跌合约之后，称之为该货币对的空头。比如，我们常说的持有欧元／美元多头头寸，即表示已经在此前买入了欧元／美元，现在处于持有状态。

（3）头寸、平仓。头寸，也称为部位，确切的概念应该是市场约定的合约。投资者买入了一笔欧元多头合约，就称这个投资者持有了一笔欧元多头头寸；如果做空了一笔欧元合约，则称这个投资者持有了一笔欧元空头头寸。当投资者将手里持有的欧元头寸卖回给市场的时候，就称为平仓。

（4）揸、沽。揸、沽都源于粤语，分别是做多和做空的意思。

（5）波幅、窄幅波动。波幅是指一段时间内汇价的最高价和最低价之间的幅度，如单日波幅指某个交易日汇价的最高价和最低价之间的幅度。在了解某个货币的习性的时候，需要注意观察这个货币的常规波幅，不要经常性地做超出常规波幅的判断，以提高分析的准确率。窄幅波动一般指一段时间内汇价的波幅处于30点以内。窄幅波动的内在含义是汇价短线处于酝酿过程，经历了一轮波幅比较大的走势后，出现窄幅波动往往是在为下一轮较大波幅走势积蓄动能。

延伸知识：中国人民银行关于银行间外汇市场交易汇价和银行挂牌汇价管理有关事项的通知

二、外汇市场

（一）外汇市场的含义

中国人民银行关于银行间外汇市场交易汇价和银行挂牌汇价管理有关事项的通知

外汇市场是指从事外汇买卖的交易场所，或者说是各种不同货币相互之间进行交换的场所。它是由外汇需求者、供给者和中介机构组成的专门从事外汇买卖的场所和网络。它随各国间的货币交易的产生而出现并发展。同时，外汇市场的存在和发展，又促进了国际的货币交易，便利了国际资本转移、借贷资金融通，方便了国际支付的结算、债权债务清偿，从而对各国的经济发展乃至整个世界经济的发展起积极的推动作用。从全球范围来看，外汇市场是一个24小时全天候运作的市场。

每天早晨，大洋洲的惠灵顿、悉尼最先开盘，接着向西移到亚洲的东京、中国香港、新加坡，然后是欧洲的法兰克福、苏黎世、巴黎和伦敦。

（二）外汇市场的参与者

外汇市场的主要参与者有外汇银行、外汇经纪人、中央银行、一般客户和外汇投机者。

1. 外汇银行

外汇银行也称为外汇指定银行，是中央银行批准可以经营外汇业务的商业银行和其他金融机构。主要包括三种类型：专营或兼营外汇业务的本国商业银行；在本国的外国商业银行分行；经营外汇业务的其他金融机构，如信托投资公司、财务公司等。外汇银行是国际外汇市场的主要参与者。

2. 外汇经纪人

外汇经纪人（Foreign Exchange Broker）包括外汇经纪人和外汇交易员。外汇经纪人是专门进行外汇买卖业务、促使买卖双方成交的中间人；外汇经纪人主要依靠提供最新、最可靠、对客户最有利的信息而生存。

3. 中央银行

中央银行是外汇市场的特殊参与者，它进行外汇买卖不是为了赚取利润，而是为了监督和管理外汇市场，引导汇率变动方向，使之有利于本国宏观经济政策的贯彻或符合国际协定的要求。

4. 一般客户

一般客户是指外汇市场上除了外汇银行之外的企业、机关、团体和个人。他们是外汇的最初供应者和最终需求者。比如从事进出口贸易的企业、进行跨国投资的企业和偿还外币负债的企业，以及需要外汇的个人等。

5. 外汇投机者

外汇投机者是通过预测汇率的涨跌趋势，利用某种货币汇率的时间差异，低买高卖，赚取投机利润的市场参与者。

（三）外汇市场的特点

外汇市场是指从事外汇买卖的交易场所，或者说是各种不同货币相互之间进行交换的场所，它是一个以外汇专业银行、外汇经纪商、中央银行等为交易主体，通过电话传真、交易机等现代化通信手段实现交易的无形的交易市场。目前世界主要的外汇市场包括欧洲的伦敦、法兰克福、巴黎、苏黎世外汇市场，北美的纽约外汇市场，亚洲的东京、新加坡外汇市场，其中伦敦外汇市场的交易量最大，而纽约外汇市场波动的幅度经常较大。总体而言，外汇市场的特点主要有以下三点。

1. 有市无场

外汇买卖是通过没有统一操作市场的行商网络进行的，它不像股票交易有集中统一的地点。但是，外汇交易的网络却是全球性的，并且形成了没有组织的组织，市场通过大家认同的方式和先进的信息系统联系，交易商不必具有任何组织的会员资格，但必须获得同行业的信任和认可。这种没有统一场地的外汇交易市场被称为"有市无场"。全球外汇市场几乎每天都会产生上万亿美元的交易，如此庞大的资金，就是在这种既无集中的场所，又无中央清算系统的管制，更没有政府监督的情况下完成清算和转移的。也正是因为国际外汇市场的开放性，市场的参与者可以在世界各地随时进行交易（外汇期货除外），这使得某一时段的外汇交易量无法精确统计。所以在外汇市场的技术分析中，基本不考虑成交量的影响，即没有价量配合。

2. 循环作业

由于全球各金融中心的地理位置不同，亚洲市场、欧洲市场、北美洲市场因时间差的关系，连成了一个全天 24 小时连续作业的全球外汇市场。早上 8:30（以纽约时间为准）纽约市场开市，9:30 芝加哥市场开市，10:30 旧金山市场开市，18:30 悉尼市场开市，19:30 东京市场开市，20:30 新加坡市场开市，凌晨 2:30 法兰克福市场开市，3:30 伦敦市场开市。在如此 24 小时不间断地运行下，外汇市场成为了一个不分昼夜的市场，只有星期六、星期日及各国的重大节日，外汇市场才会关闭。这种连续作业，为投资者提供了没有时间和空间障碍的理想投资场所，投资者可以寻找最佳时机进行交易。比如，投资者若上午在纽约市场上买进日元，晚间新加坡市场开市后日元上扬，投资者即可在新加坡市场卖出。不管投资者本人在哪里，都可以参与任何市场、任何时间的买卖。

3. 零和游戏

汇率是两国货币的交换比率，汇率的变化是一种货币价值的减少，但同时也是另一种货币价值的增加。比如，在 40 年前，1 美元可以兑换 360 日元，但目前，1 美元仅可兑换 100 日元，这说明日元币值上升，而美元币值下降。但从总的价值量来说，汇率变来变去，不会增加总的价值量，也不会减少总的价值量。因此，有人形容外汇交易是"零和游戏"，更确切地说是财富的转移。近年来，投入外汇市场的资金越来越多，汇价波幅日益扩大，促使财富转移的规模也越来越大，速度也越来越快，以全球外汇每天 3 万亿美元的交易额来计算，上升或下跌 1%，就是 300 亿美元的资金要换新的主人。尽管外汇汇价变化很大，但是任何一种货币都不会变为废纸，即使某种货币不断下跌，它也总会代表一定的价值，除非宣布废除该种货币。

（四）世界主要外汇市场

目前，世界上大约有 30 多个主要的外汇市场，遍布世界各大洲的不同国家和地区。根据传统的地域划分，可分为亚洲、欧洲、北美洲三大部分。其中，最重要的有伦敦、纽约、东京、新加坡、法兰克福、苏黎世、巴黎、洛杉矶、悉尼等。另外，一些新兴的区域性外汇市场如巴拿马、开罗和巴林等也大量涌现，并逐渐走向成熟。每一个市场都有其自身的不同特点。

外汇市场概述

1. 伦敦外汇市场

伦敦是历史悠久的国际金融中心，其货币市场、资本市场都是国际化的市场。外汇市场的繁荣反过来又巩固了伦敦作为国际金融中心的地位。伦敦之所以能成为最大的外汇市场，有历史、地理和软环境等多种原因。

2. 纽约外汇市场

纽约外汇市场不仅是美国外汇业务的中心，也是世界上最重要的国际外汇市场之一，其每日的交易量居世界第二位，也是全球美元交易的清算中心。纽约外汇市场由三部分组成：一是银行与客户之间的外汇交易市场；二是纽约银行间的外汇交易市场；三是纽约各银行与国外银行间的外汇交易市场。在纽约外汇市场上交易的货币主要有欧元、英镑、加拿大元、日元等。

3. 东京外汇市场

东京外汇市场是随着日本对外经济和贸易发展而发展起来的，是与日本金融自由化、国际化的进程相联系的。从交易货币和种类看，因为日本的进出口贸易多以美元结算，所以东京外汇市场90%以上的交易是美元对日元的买卖，日元对其他货币的交易较少。交易品种有即期、远期和掉期等。

4. 新加坡外汇市场

新加坡外汇市场是随着亚洲美元市场的发展而发展起来的，是全球第四大外汇市场。新加坡外汇市场的主要参与者是外汇银行、外汇经纪人、商业客户和新加坡金融管理局。新加坡外汇市场是一个无形市场，大部分交易由外汇经纪人办理，并通过他们把新加坡和世界各金融中心联系起来。交易以美元为主。

5. 苏黎世外汇市场

瑞士苏黎世外汇市场是一个有历史传统的外汇市场，在国际外汇交易中居于重要的地位。在苏黎世外汇市场上，外汇交易是由银行自己通过电话或电传进行的，并不依靠经纪人或中间商。由于瑞士法郎一直处于硬货币地位，汇率坚挺稳定，并且瑞士作为资金庇护地，对国际资金有很大的吸引力，同时，瑞士银行能为客户资金严格保密，吸引了大量资金流入瑞士，所以，苏黎世外汇市场上的外汇交易大部分是由于资金流动而产生的，只有小部分是出自对外贸易的需求。

6. 法兰克福外汇市场

法兰克福是德国中央银行（德国联邦银行）所在地。法兰克福外汇市场分为定价市场和一般市场。定价市场由官方指定的外汇经纪人负责撮合交易，它们分属法兰克福、杜赛尔多夫、汉堡、慕尼黑和柏林等5个交易所。它们接受各家银行外汇交易委托，如果买卖不平衡，汇率就继续变动，一直到买卖相等，或通过中央银行干预以达到平衡，定价活动方结束，时间大约是中午12:45。

➤ 实训示例

（一）查看外汇行情

（1）查看美元／人民币的实时行情，如图 1–1 所示。

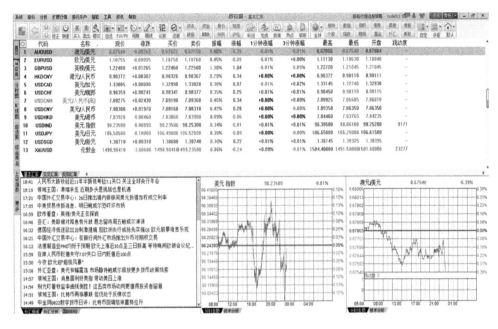

图 1-1　基本汇率

（2）查看英镑／欧元的实时行情，如图 1-2 所示。

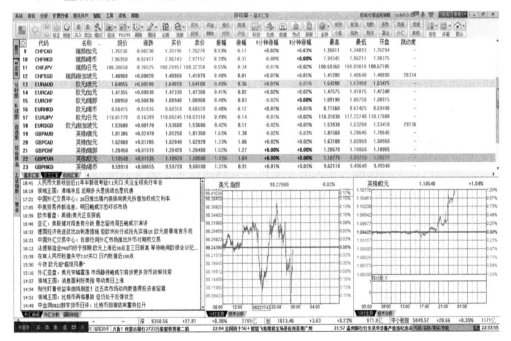

图 1-2　交叉汇率

（3）查看近年来美元／人民币的历史行情（走势），如图1-3所示。

图1-3　美元／人民币K线图

（二）外汇模拟交易入门

目前，投资者进行模拟外汇交易有两条途径：一是行情软件公司和高校合作开发的金融实验室（内含外汇交易模块）进行模拟外汇交易；二是登录专业外汇网站，在其所提供的模拟交易平台上进行模拟外汇交易。

1. 外汇实验室模拟实盘交易入门

当前国内许多高校都与相关的专业机构共同建设了金融实验室，下面以同花顺iFinD金融实验室为例（图1-4），介绍如何通过外汇实验室模拟交易系统进行外汇实盘模拟实验。

第一步，用户登录。

第二步，模拟交易开户。

第三步，资金查询。

第四步，交易下单。

第五步，查看持仓和资金情况。

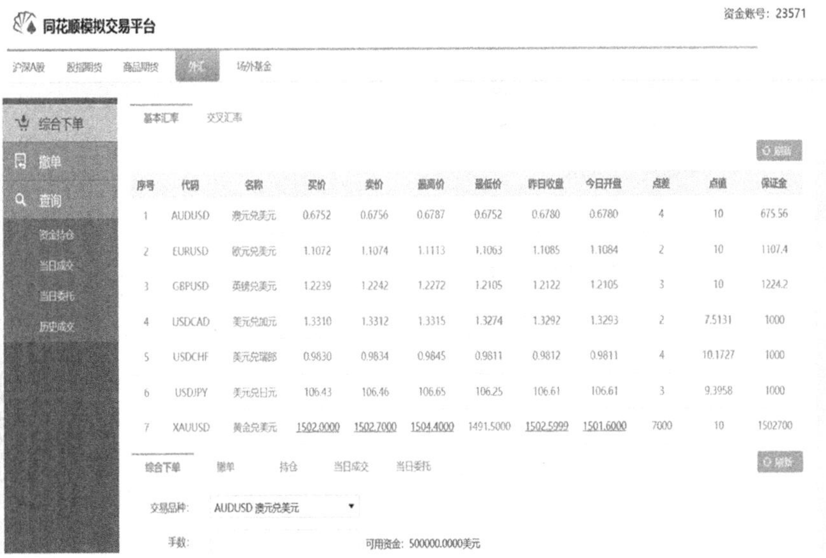

图 1-4 同花顺 iFinD 金融实验室模拟交易平台——外汇模块

外汇买卖可采取三种委托方式（见图 1-5）：

（1）市价交易。就是即时交易，当用户确认交易后，即时成交。

（2）限价交易。就是挂单交易，用户可以指定成交价格，一旦市场价格达到或优于所指定的价格，就按所指定的价格成交。

（3）止损交易。即为了防止亏损或保障盈利，若突破某个价位，就视作后期的走势对投资者不利，达到此价位就平掉手上的头寸，而这个价格就是止损价。

图 1-5 外汇买卖委托界面

2.外汇虚盘交易的基本操作

第一步，登录汇通网（http://www.fx678.com）主页面，点击右下角的"模拟交易"。

第二步，注册账户。

第三步，下载软件并安装。

第四步，进入个人模拟外汇交易账户。

第五步，查询账户规则。

第六步，模拟下单。

第七步，查询交易结果和相关内容。

延伸知识：福建省依法判处从事地下钱庄非法外汇交易活动的犯罪分子

案例福建省依法
判处从事地下钱
庄非法外汇交易
活动的犯罪分子

实训二
外汇投资基本面分析

➤ **实训目的**

1.了解影响汇率变动的经济和非经济因素；熟悉用于外汇投资基本面分析的各项基本指标；了解指标对外汇基本面的影响方式和程度；了解几种重要货币的投资特性。

2.进入外汇专业信息网站，学会获取影响汇率变动的主要经济指标；能够运用所收集的各国的经济指标进行分析，对未来的外汇走势做出合理判断。

➤ **实训内容**

1.登录实训示例中所列的相关网站，收集近日公布的基本面经济指标，对美元或其他目标币种的基本面进行分析。

2.运用所收集的经济指标，对美元或其他目标币种的未来走势做出预测，并以小组为单位展开讨论。

3.根据讨论结果，在外汇模拟交易系统中进行买卖操作。

➤ **实训知识**

一、影响汇率的经济因素

（一）购买力平价

购买力平价理论规定，汇率由同一组商品的相对价格决定。通货膨胀率的变动会被等量但相反方向的汇率变动所抵消。举一个汉堡包的经典案例：如果1个汉堡包在美国值2美元，而在英国值1英镑，那么根据购买力平价理论，汇率一定是2美元∶1英镑。如果盛行的市场汇率是1.7美元每英镑，那么英镑就被称为低估通货，而美元则被称为高估通货。此理论假设这两种货币将最终向 2 : 1 的关系变化。

购买力平价理论的主要不足表现在两个方面。

第一，该理论假设商品能被自由交易，并且不计关税、配额和赋税等交易成本。

第二，它只适用于商品，却忽视了服务，而服务恰恰可以有非常显著的价值差距的空间。

在 20 世纪 90 年代之前，购买力平价理论缺少事实依据来证明其有效性。20 世纪 90 年代之后，此理论似乎只适用于长周期（3～5 年）的汇率变化。在如此跨度的周期中，价格最终向平价靠拢。

（二）国际收支

国际收支也是影响汇率的基本因素之一。国际收支是指商品和劳务的进出口及资本的输出和输入。一个国家的对外贸易出现收入大于支出的现象，称对外贸易有盈余，也叫顺差；相反，这个国家的对外贸易出现收入小于支出的现象，就是贸易的赤字，也叫逆差。一个国家的贸易出现顺差，说明这个国家经济的基本面好，市场上对这个国家货币的需求就会增加，使这个国家的货币升值；如果一个国家的贸易出现逆差，市场上对这个国家货币的需求就会减少，并使这个国家的货币贬值。

（三）通货膨胀

20 世纪 70 年代之后，随着浮动汇率取代了固定汇率，通货膨胀对汇率变动的影响变得更为重要了。通货膨胀意味着国内物价水平的上涨，当一个国家或地区的大多数商品和劳务的价格连续在一段时间内普遍上涨时，就称这个国家或地区的经济出现通货膨胀。

由于物价是一国商品价值的货币表现，通货膨胀也就意味着该国货币代表的价值量下降。国内、外商品市场相互之间有着紧密联系，一般情况下，通货膨胀和国内物价上涨，会引起出口商品的减少和进口商品的增加，从而对外汇市场上的供求关系产生影响，导致该国汇率波动。同时，一国货币对内价值的下降必定影响其对外价值，削弱该国货币在国际市场上的信用地位，人们会因通货膨胀而预期该国货币的汇率将趋于疲软，便会把手中持有的该国货币转化为其他货币，从而导致汇率下跌。按照一价定律和购买力平价理论，当一国的通货膨胀率高于另一国的通货膨胀率时，该国货币实际所代表的价值相对另一国货币而言在减少，该国货币汇率就会下降；反之，则会上升。

（四）利率水平

利率水平对外汇汇率有着非常重要的影响，是影响汇率最重要的因素。汇率是两个国家的货币之间的相对价格。和其他商品的定价机制一样，它由外汇市场上的供求关系所决定。外汇是一种金融资产，人们持有它，是因为它能带来资本的收益。人们在选择是持有本国货币，还是持有某一种外国货币时，首先也是考虑持有哪一种货币能够带来更大的收益。而各国货币的收益率首先是由其金融市场的利率来衡量的。某种货币的利率上升，则持有该种货币的利息收益增加，从而吸引投资者买入该种货币，因此，对该货币有利好（行情看好）支持；如果利率下降，持有该种货币的收益便会减少，该种货币的吸引力也会减弱。因此，可以说"利率升，货币强；利率跌，货币弱"。

（五）经济增长

（1）一国经济增长率高，意味着收入增加，国内需求水平提高，将增加该国的进口，从而导致经常项目逆差，这样会使本国货币汇率下跌。

（2）如果该国经济是以出口为导向的，经济增长是为了生产更多的出口产品，则出口的增加会弥补进口的增加，减缓本国货币汇率下跌的压力。

（3）一国经济增长率高，意味着劳动生产率提高很快，同时成本降低可改善本国产品的竞争地位，从而有利于增加出口、抑制进口，并且经济增长率高使得该国货币在外汇市场上被看好，因而该国货币汇率会有上升的趋势。

二、影响汇率的非经济因素

（一）政治和新闻因素

与股票、债券等市场相比，外汇市场受政治因素的影响要大得多。当发生某一重大国际事件时，外汇市场的涨跌幅度会经常性地超过股市和债券市场的变化幅度。其主要原因是：外汇作为国际性流动的资产，在动荡的政治格局下所面临的风险会比其他资产大；而外汇市场的流动速度快，又进一步使外汇市场在政治局面动荡时更加剧烈地波动。

外汇市场的政治风险主要有政局不稳引起的经济政策变化、国有化措施等。从具体形式来看，有大选、战争、政变、边界冲突等。从资本安全角度出发，由于美国是当今世界最大的军事强国，其经济仍处于领先地位，所以，一般政治动荡产生后，美元就会起到"避风港"的作用，会立刻走强。政治事件经常是突发性事件，出乎外汇市场的意料，这又使外汇市场的现货价格异常剧烈地波动，其波动幅度大大超过外汇价格的长期波动幅度。

（二）货币管理当局的干预

（1）汇率的异常波动常常与国际资本流动有着重要关系。汇率的异常波动会导致工业生产和宏观经济发展出现不必要的波动，因此，稳定汇率有助于稳定国民经济和物价。

（2）中央银行直接干预外汇市场是出于国内外贸政策的需要。

（3）中央银行干预外汇市场是出于抑制国内通货膨胀的考虑。

（三）心理预期

在国际金融市场上，外汇价格在很大程度上是受投资者对汇率走势的期待影响的，尤其是一些短期投资者和投机者。当交易者预期某种货币的汇率将会上涨时，他们会大量买进；而当他们预测某种货币的汇率将会下降时，他们会大量抛出。

人们预期心理的产生，主要取决于其对一国的经济增长、货币供应、通货膨胀、外汇储备、政府政策，以及国际政治经济形势的预测和估计等。在外汇市场上，短期流动资金的数额非常巨大，投机性很强。这种短期投机资金对各国的政治、经济、军事形势等都十分敏感，有一点风吹草动，就会改变资金的流向。所以外汇市场上的任何一点信息都可能改变市场心态和人们的市场预期，从而影响外汇行情。

（四）投机行为

投机行为在外汇市场上是普遍存在的并且已成为外汇市场必不可少的一部分。当一种货币的汇率看涨时，投机者就会买入该种货币，以期在汇率上升后抛出从而获利，而大量投机性的买进将促使汇率的上升；反之，当一种货币的汇率看跌时，投机者就会抛出该种货币，以期在汇率下跌时买入以获利，而大量投机性抛售又会导致汇率的下降。这种投机心理和行为对外汇市场的波动起着推波助澜的作用，进一步加大了汇率波动的幅度。

三、主要货币的基本面分析

（一）影响美元的基本面因素

1. 美国联邦储备银行（Federal Reserve Bank，Fed）

简称美联储，美国的中央银行，完全独立地制定货币政策，保证经济获得最大限度的非通货膨胀增长，主要政策指标包括公开市场运作、贴现率和联邦资金利率等。

2. 联邦公开市场委员会（Federal Open Market Committee，FOMC）

主要负责制定货币政策，包括每年制定 8 次的关键利率调整公告。FOMC 共有 12 名成员，分别有 7 名政府官员，纽约联邦储备银行总裁，以及另外从其他 11 个地方联邦储备银行总裁中选出的任期为一年的 4 名成员。

3. 利率（Interest Rates）

即联邦资金利率（Fed Funds Rate），是最为重要的利率指标，也是储备机构之间相互贷款的隔夜贷款利率。当 Fed 希望向市场表达明确的货币政策信号时，会宣布新的利率水平，每次宣布利率都会引起股票、债券和货币市场较大的动荡。

4. 贴现率（Discount Rate）

是商业银行因储备金等紧急情况向 Fed 申请贷款，Fed 收取的利率。尽管这是个象征性的利率指标，但是其变化也会表达强烈的政策信号。贴现率一般小于联邦资金利率。

5. 30 年期国库券（30-year Treasury Bond）

也叫长期债券，长期债券和美元汇率之间没有明确的联系，但长期债券是市场衡量通货膨胀情况的最为重要的指标。通货膨胀会引起债券价格下跌，即收益率上升，这可能使美元受压。

在经济周期的不同阶段，一些经济指标对美元有不同的影响：当通货膨胀没有对经济构成威胁的时候，强经济指标会对美元汇率形成支持；当通货膨胀对经济的威胁比较明显时，强经济指标会打压美元汇率，手段之一就是卖出债券。

6. 3 月期欧洲美元存款（3-month Eurodollar Deposits）

欧洲美元是指存放于美国国外银行中的美元存款，如存放于日本国外银行中的日元存款称为"欧洲日元"。这种存款利率的差别可以作为一个对评估外汇利率很有价值的基准，如以 USD/JPY 为例，当欧洲美元和欧洲日元存款之间的正差越大时，USD/JPY 的汇价越有可能得到支撑。

7. 10 年期短期国库券（10-year Treasury Note）

当我们比较各国之间相同种类债券收益率时，一般使用的是 10 年期短期国库券。债券间的收益率差异会影响到汇率，如美元资产收益率高，会推升美元汇率。

8. 财政部（Treasury）

美国财政部负责发行政府债券，制定财政预算。财政部对货币政策没有发言权，但是其对美元的评论可能会对美元汇率产生较大的影响。

9. 本国经济数据（Economic Data）

美国公布的经济数据中，最为重要的包括劳动力报告（薪酬水平、失业率和平均小时收入）、CPI（Consumer Price Index，消费者价格指标）、PPI（Producer Price Index，生产者物价指标）、GDP（Gross Domestic Product，国内生产总值）、国际贸易水平、工业生产、房屋开工、房屋许可和消费信心等。

10. 股市（Stock Market）

三种主要的股票指数为 Dow Jones Industrials Index（Dow，道琼斯工业指数）、S&P500（标准普尔 500 种指数）和 NASDAQ（纳斯达克指数）。其中，道琼斯工业指数对美元汇率影响最大。从 20 世纪 90 年代中期以来，道琼斯工业指数与美元汇率有着极大的正关联性（因为外国投资者购买美国资产的缘故）。影响道琼斯工业指数的三个主要因素为：①公司收入，包括预期的和实际的收入；②利率水平预期；③全球政经状况。

11. 交叉汇率影响（Cross Rate Effect）

交叉盘的升跌也会影响美元汇率。

12. 联邦资金利率期货合约（Fed Funds Rate Futures Contract）

这种合约价值显示市场对联邦资金利率的期望值（与合约的到期日有关），是对联储政策的最直接的衡量。

13. 3月期欧洲美元期货合约（3-month Eurodollar Futures Contract）

与联邦资金利率期货合约一样，3月期欧洲美元期货合约对于3月期欧洲美元存款也有影响。例如，3月期欧洲美元期货合约与3月期欧洲日元期货合约的息差决定着 USD/JPY 的未来走势。

（二）影响英镑的基本面因素

1. 英国央行（Bank of England，BoE）

从1997年开始，BoE 获得了独立制定货币政策的职能。政府用通货膨胀目标作为物价稳定的标准，一般用除去抵押贷款外的零售物价指数（Retail Prices Index excluding mortgages）来衡量，年增量控制在 2.5% 以下。因此，尽管独立于政府部门制定货币政策，但是 BoE 仍然要符合财政部规定的通货膨胀标准。

2. 货币政策委员会（Monetary Policy Committee）

主要负责制定利率水平。

3. 利率（Interest Rates）

英国央行的主要利率是最低贷款利率（基本利率），每月的第一周，央行都会用调整利率来向市场发出明确的货币政策信号。利率变化通常都会对英镑产生较大影响。

4. 金边债券（Gilts）

英国政府债券也叫金边债券。同样，10年期金边债券收益率与同期其他国家债券或美国国库券收益率的利差也会影响英镑与其他国家货币的汇率。

5. 3月期欧洲英镑存款（3-month Euro Sterling Deposits）

存放在非英国银行的英镑存款称为欧洲英镑存款。其利率与其他国家同期欧洲存款利率之差也是影响汇率的因素之一。

6. 财政部（Treasury）

其制定货币政策的职能从1997年以来逐渐减弱，然而财政部依然为 BoE 设定通货膨胀指标，并决定 BoE 主要人员的任免。

7. 英镑与欧洲经济和货币联盟的关系

英国是否加入欧元区影响着英国的利率水平和汇率走势。英国如果想加入欧元区，则英国的利率水平必须降低到欧元利率水平，即英镑必须为了本国工业贸易的发展而对欧元贬值。因此，任何关于英国有可能加入欧元区的言论都会打压英镑汇价。

8. 经济数据（Economic Data）

英国的主要经济数据包括初始失业人数、初始失业率、平均收入、扣除抵押贷款外的零售物价指数、零售销售、工业生产、GDP 增长、采购经理指数、制造业和服务业调查、货币供应量（M4）收入与房屋物价平衡等。

9. 3 月期欧洲英镑存款期货（短期英镑）［3-month Eurosterling Futures Contract（short sterling）］

期货合约价格反映了市场对 3 个月以后的欧洲英镑存款利率的预测。与其他国家同期期货合约价格的利差可引起英镑汇率的变化。

10. 金融时报 100 指数（FTSE-100）

英国的主要股票指数与美国和日本的不同，英国的股票指数对货币的影响比较小。尽管如此，金融时报指数同美国道琼斯指数有很强的联动性。

11. 交叉汇率的影响（Cross Rate Effect）

交叉汇率也会对英镑汇率产生影响。

（三）影响欧元的基本面因素

1. 欧元区（The Euro Zone）

其由 19 个国家组成，包括德国、法国、意大利、西班牙、荷兰、比利时、奥地利、芬兰、葡萄牙、爱尔兰、卢森堡和希腊等，均使用欧元作为流通货币。

2. 欧洲央行（European Central Bank，ECB）

其控制欧元区的货币政策决策机构是央行委员会，由执委和 12 个成员国的央行总裁组成。执委包括 ECB 总裁、副总裁和其他 4 个成员。

3. ECB 的政策目标

其首要目标就是稳定价格。其货币政策有两大主要基础：一是对价格走向和价格稳定风险的展望。价格稳定主要通过调整后的消费物价指数（Harmonized Index of Consumer Prices，HICP）来衡量，使其年增长率低于 2%。HICP 尤为重要，由一系列指数和预期值组成，是衡量通货膨胀的重要指标。二是控制货币增长的货币供应量（M3）。ECB 将 M3 年增的参考值定位在 4.5%。

4. ECB 每两周的周四举行一次委员会，制定新的利率指标

每月的第一次会议后，ECB 都会发布一份简报，从整体上公布货币政策和经济状况展望。

5. 一般利率（Interest Rates）

其是央行用来调节货币市场流动性而进行的"借新债还旧债"中的主要短期汇率。此利率和美国联邦资金利率的利差是决定 EUR/USD 汇率的因素之一。

6. 3 月期欧洲欧元存款（3-month Euro Deposit）

指存放在欧元区外的银行中的欧元存款。同样，这个利率与其他国家同种同期利率的利差也被用来评估汇率水平。例如，当 3 个月欧洲欧元存款利率高于同期 3 个月欧洲美元存款利率时，EUR/USD 汇率就会得到提升。

7. 10 年期政府债券（10-year Government Bonds）

其与美国 10 年期国库券的利差是另一个影响 EUR/USD 的重要因素，通常用德国 10 年期政府债券作为基础，如果其利率水平低于同期美国国库券，那么要使利差缩小（即德国债券收益率上升或美国国库券收益率下降），理论上会推升 EUR/USD 汇率。因此，两者的利差一般比两者的绝对价值更有参考意义。

8. 经济数据（Economic Data）

最重要的经济数据来自德国，其是欧元区内最大的经济体。主要数据包括 GDP、通货膨胀数据（CPI 或 HCPI）、工业生产和失业率。如果单独从德国看，则还包括 IFO 调查（是一个使用广泛的商业信心调查指数）。还有每个成员国的财政赤字，依照欧元区的稳定和增长协议（the Stability and Growth Pact），各国财政赤字必须控制在占 GDP 的 3% 以下，并且各国都要有进一步降低赤字的目标。

9. 交叉汇率影响（Cross Rate Effect）

同美元汇率一样，交叉盘也会影响欧元汇率。

10. 3 月期欧洲欧元期货合约（3-month Euro Futures Contract）

这种合约价值显示市场对 3 个月欧洲欧元存款利率的期望值（与合约的到期日有关）。例如，3 月期欧洲欧元期货合约和 3 月期欧洲美元期货合约的息差是决定 EUR/USD 未来走势的基本变化。

11. 政治因素

与其他汇率相比，EUR/USD 最容易受到政治因素的影响，如法国、德国或意大利的国内因素。俄罗斯国家政治金融上的不稳定也会影响欧元，因为有相当大一部分德国投资者投资俄罗斯。

（四）影响日元的基本面因素

1. 日本财政部（Ministry Of Finance，MOF）

其是日本制定财政和货币政策的唯一部门。日本财政部对货币的影响要超过美国、英国和德国的财政部。日本财政部的官员经常就经济状况发布一些言论，这些言论一般都会给日元造成影响，如当日元发生不符合基本面的升值或贬值时财政部官员就会进行口头干预。

2. 日本央行（Bank Of Japan，BOJ）

1998 年，日本政府通过一项新法律，允许央行可以不受政府影响而独立制定货币政策而日本汇率仍然由财政部负责。

3. 利率（Interest Rates）

隔夜拆借利率是主要的短期银行间利率，由 BOJ 决定。BOJ 也使用此利率来表达货币政策的变化是影响日元汇率的主要因素之一。

4. 日本政府债券（Japanese Government Bonds，JGB）

为了增强货币系统的流动性，BOJ 每月都会购买 10 年或 20 年期的 JGB。10 年期 JGB 的收益率被看作长期利率的基准指标。例如，10 年期 JGB 和 1 年期美国国库券的利差被看作推动 USD/JPY 利率走向的因素之一。JGB 价格下跌（即收益率上升）通常会利好日元。

5. 经济和财政政策署（Economic and Fiscal Policy Agency）

其于 2001 年 1 月 6 日正式替代原有的经济计划署（Economic Planning Agency，

EPA），职责包括阐述经济计划和协调经济政策，包括就业、国际贸易和外汇汇率等。

6. 国际贸易和工业部（Ministry of International Trade and Industry）

其负责指导日本本国工业发展和维持日本企业的国际竞争力。但其重要性与 20 世纪 80 年代和 90 年代早期相比已经大大削弱，当时日美贸易量会左右汇市。

7. 经济数据（Economic Data）

较为重要的经济数据包括 GDP、每季度的商业景气现状和预期调查（Tankan Survey）、国际贸易、失业率、工业生产和货币供应量（M2+CDs）等。

8. 日经 255 指数（Nikkei-255）

其是日本主要的股票市场指数。当日本汇率合理降低时，会提升以出口为目的的企业的股价，同时，整个日经指数也会上涨。有时，情况并非如此，股市强劲时，会吸引国外投资者大量使用日元投资于日本股市，日本汇率也会因此得到推升。

9. 交叉汇率的影响（Cross Rate Effect）

如当 EUR/JPY 上升时，会引起 USD/JPY 的上升，原因可能并非美元汇率上升，而是对日本和欧洲不同的经济预期所引起的。

全球主要外汇

➤ **实训示例**

（一）基本面分析材料的获取和解读

获取基本面分析经济数据的渠道很多，主要包括查看外汇交易软件、浏览财经网站、查看财经公众号和阅读财经报纸杂志等。其中，在信息和网络技术高度发达的今天，上网查询是最为方便、快捷的方式。西方国家的经济数据体系非常健全，相关部门会定期公布，我们可以直接上网查询。提供基本面信息的网站可以分为以下几类。

1. 政府信息网站，定期公布各类宏观经济数据

美联储 :https://www.federalreserve.gov/

美国商务部 :https://www.commerce.gov/

美国劳工部 :https://www.dol.gov/

美国能源部 :https://www.energy.gov/

欧洲中央银行 :https://ecb.europa.eu/

英国中央银行 :https://www.bankofengland.co.uk/

日本中央银行 :https://www.boj.or.jp/en/index.htm/

2. 门户网站、综合财经网站的外汇专栏

新浪外汇 :https://finance.sina.com.cn/forex/

搜狐理财外汇 :http://money.sohu.com/waihui/

路透社 :http://lutoushe.org/

3. 国内外著名的外汇交易网站、黄金机构网站

汇通网 :https://www.fx678.com/

外汇通 :https://www.forex.com.cn/

和讯外汇 :http://forex.hexun.com/

财经报社 : https://forex.fx168.com/

招商银行外汇信息 :http://fx.cmbchina.com/

纽约商品交易所 :https://www.nyse.com/index

东京商品交易所 :https://www.tocom.or.jp/

芝加哥商业交易所 :https://www.cmegroup.com/

上海期货交易所 :http://www.shfe.com.cn/

需要注意的是，基本面的分析更多靠的是分析判断的综合能力。每天都有几百上千条相关信息，究竟哪一些是对外汇市场有影响的、有多大影响及从什么角度上去认识它，都要有很好的归纳、整理和综合判断能力。此外，在解读经济数据时，要注重的不是数据的绝对值，而是数据的相对变化幅度，这通常要涉及预期值、前值和实际值的问题。

（二）基本面分析示例

扫一扫二维码，查看某一日中金网的外汇电子日报，了解一份外汇的日报分析包含了哪些因素。

中金网的外汇电子
日报

➤ **实训要求**

1. 针对某一指定的币种，查阅相关资料和历史数据，进行基本面分析。

2. 写出完整的实训报告。

实训三

外汇实盘交易

➤ **实训目的**

1.进一步理解什么是外汇实盘交易。站在外汇投资者的角度，掌握进行外汇实盘交易的基本流程、分析方法、相关术语、盈亏计算方式。

2.记录每笔交易的理由，根据交易记录及交易成绩定期进行分析小结，并最终形成实盘交易模拟部分的实验报告。

➤ **实训内容**

1.观测汇率走势，选取美元/日元、美元/加元等直接标价的货币进行交易。

2.观测汇率走势，选取英镑/美元、欧元/美元等间接标价的货币进行交易。

3.计算上述实盘交易盈亏，进一步理解实盘交易规则。

➤ **实训知识**

一、外汇实盘交易的特点

个人实盘外汇交易，又称外汇宝，是指个人委托银行，参照国际外汇市场实时汇率，把一种外币兑换成另一种外币的不可透支的交易行为。所谓实盘，指的是在这种交易中，客户不能使用类似于期货交易中的融资方式，即在交纳保证金之后通过银行融资而将交易金额放大若干倍的方式。

投资者必须持有足额的要卖出的外币，才能进行外汇实盘交易，与国际上流行的外汇保证金交易相比，其缺少保证金交易的卖空机制，因此只能买涨，不能买跌。同时由于缺少了资金杠杆的作用，外汇实盘交易过程中绝对收益更依赖于投入本金的多少。因此，外汇实盘交易为单向获利的模式，主要的收益来自交易货币的买进与卖出之间的汇率差异。

二、外汇实盘交易的门槛

大部分银行规定开设实盘外汇交易的最低投资额为 100 美元或是等值外币，单笔交易中一般是以 10 美元或等值外币作为单位。为了吸引投资者的参与，有些银行会将这一起始门槛相应地降低。如平安银行的"汇赢通"个人实盘外汇买卖业务平台规定，最低投资额降至 50 美元或等值外币，交通银行开设的实盘外汇交易起始投资额也为 50 美元或等值外币，另外，可以通过特定的渠道进行低起点外汇交易，像工商银行规定其"汇市通"个人外汇买卖业务中，交易起始金额为 100 美元或等值外币，但如使用电话银行业务进行外汇买卖，起始金额则为 50 美元或等值外币。

三、外汇实盘交易的成本

外汇市场上的报价一般为双向报价，即银行根据国际外汇市场行情，按照国际市场惯例报出买入价和卖出价，银行针对不同币种的汇率设置了不同的买卖点差。外汇实盘交易的交易成本就体现在买卖点差。另外，根据国际市场惯例，银行对大额交易实行一定的点数优惠，即通过缩小银行买入价格和卖出价格之间的价差，为进行大额交易的客户降低交易成本。

四、外汇实盘交易的方式

目前，国内的商业银行为外汇实盘交易提供了多种交易方式。客户可以通过银行柜台、银行营业厅内的个人理财终端、电话和互联网进行外汇实盘交易。

如果客户选择柜台交易或使用个人理财终端进行交易，交易时间仅限于银行正常工作日的工作时间，为周一至周五的 9:00—17:00，公休日、法定节假日及国际市场休市时段均无法进行交易。而如果客户选择电话交易或者互联网交易，一般来说交易时间将从周一 8:00 一直延续到周六 5:00，公休日、法定节假日及国际市场休市时段同样不能交易。可见，除了非要去现场感受气氛外，通过电话或者互联网交易才是更佳的选择。

五、外汇实盘交易的指令

目前的外汇实盘交易指令，总的来说分为市价交易和委托交易两种。市价交易，即按照银行当前的报价即刻成交；委托交易，俗称挂盘交易，即投资者可以先将交易指令传给银行，当银行报价达到投资者希望成交的汇率水平时，银行电脑系统就立即根据投资者的委托指令成交。委托交易指令给客户带来的方便在于，客户无须每时每刻紧盯外汇市场的变化，从而节省了大量时间。但是客户使用委托交易指令也需要慎重，特别是在建仓的委托交易指令没有跟随止损的委托交易指令时。外汇市场瞬息万变，贸然使用委托交易指令可能会带来很大风险。

所谓止损，就是一个自动平仓的委托交易指令。当市场汇率朝不利于投资者所建立的仓位的方向变化时，可以通过这种委托交易指令自动平仓。

➤ **实训示例**

实盘外汇买卖是 1∶1 的实际买卖，在交易过程中其绝对收益主要依赖于投入本金的多少。同时，外汇实盘交易采用的是单向获利的模式，收益主要来自交易货币的买进与卖出之间的汇率差异。比方说，投资者在欧元／美元的汇率为 1.55 时以美元购入欧元，等到该汇率为 1.6 时卖出欧元买入美元，就可以从中获得汇差的收益。当然，在投资者持有欧元期间，也可以获得欧元存款的利息收益，这也是收益的一个组成部分。

外汇的汇率
及分类

通常情况下，投资者会在预期货币上涨时买入，预期货币下跌时卖出。实际盈亏的计算会由于汇率标价方法的不同而存在差异。

2020 年 2 月 1 日 11∶36，A 同学看到中国银行的美元外汇牌价如下：

现汇买入	现钞买入	现汇卖出	现钞卖出	中间价
6.2807	6.2291	6.3068	6.3068	6.3045

接着他查看了美元最近的走势和行情，如图 3-1。（同花顺—扩展行情—外汇—基本汇率—美元／人民币）。并对美元的基本面进行分析，结合近期的实际行情走势，判断近期美元将进一步走高。于是决定买入 1000 美元的外汇，按照牌价他将需要 6306.8 人民币（现汇卖出价）去兑换。

图 3-1　美元近期走势

2020 年 4 月 20 日 16:04，A 同学再次查看外汇牌价，并计划将手中的 1000 美元兑换成人民币。

现汇买入	现钞买入	现汇卖出	现钞卖出	中间价
7.0607	7.0033	7.0906	7.0906	7.0657

他将获得 7060.7 元人民币（汇率参照现汇买入牌价），若不考虑利率因素，投资期收益率为 11.95%。

延伸知识：经常项目外汇业务指引

经常项目外汇业务指引

► **实训要求**

1. **按实训任务进行汇率观测和交易。**

（1）记录外汇交易品种的名称、交易代码、买入价、卖出价、开盘价、最低价和最高价。

外汇交易品种	交易代码	买入价	卖出价	开盘价	最低价	最高价
基础汇率	USD/JPY					
基础汇率	EUR/USD					
交叉汇率	EUR/JPY					
交叉汇率	AUD/JPY					

（2）记录模拟交易的外汇品种。

交易初值: 万元	终值: 万元		投资期收益率: %	
交易顺序	外汇交易品种	外汇交易代码	成交价	成交总价
1	基础汇率	USD/JPY		
2	基础汇率	EUR/USD		
3	交叉汇率	AUD/JPY		
4	交叉汇率	EUR/JPY		

（3）记录每笔模拟交易的交易动机。（基于基本面或者技术面的分析，得出汇率未来走势的判断）

2.写出完整的实训报告。

实训四
外汇虚盘交易

➤ **实训目的**

1.理解外汇虚盘交易的概念、特点，掌握外汇虚盘交易的基本流程、分析方法及相关术语；能够解读外汇行情，利用分析软件对外汇走势做出合理判断，并顺利实现保证金项下的委托交易模拟操作。

2.掌握外汇虚盘交易的盈亏计算，对每笔交易记录交易理由，根据交易记录及交易成绩定期进行分析小结，并最终形成外汇虚盘交易模拟部分的实验报告。

➤ **实训内容**

1.观测汇率走势，选取美元/日元、美元/加元等直接标价的货币进行多头、空头交易。

2.观测汇率走势，选取英镑/美元、欧元/美元等间接标价的货币进行多头、空头交易。

3.计算上述保证金交易盈亏，进一步理解保证金交易规则。

➤ **实训知识**

一、外汇保证金交易概述

外汇保证金交易起源于 20 世纪 80 年代的伦敦，20 世纪 90 年代初出现在中国内地。从本质上讲，外汇保证金就是投资者融资的比例大小，一般由银行或者券商决定，对同一笔交易而言，融资的比例越大，客户需要付出的自有资金就越少。各保证金交易商提供的保证金融资比例不尽相同，通常为 20 倍～ 400 倍。在进行保证金交易时，交易者只需付出 0.5% ～ 20% 的按金（保证金），就可进行放大到 100%

额度的交易，也就是"以小博大"。例如，若保证金融资比例为100倍，即最低的保证金要求是1%，投资者只要用100美元，就可以进行高达10000美元的交易，这充分利用了"以小博大"的杠杆效用，也使得保证金交易成为目前国际主流的外汇交易手段。

二、外汇保证金交易的成本

目前，国内各家银行提供的"外汇宝"交易基本上都属于外汇实盘交易，而外汇保证金交易由于其较高的风险，在我国并未推广。想要进行外汇保证金交易的中国投资者，基本上都是委托经纪公司在境外开户，在网上进行交易。

一般而言，保证金交易的经纪商为投资者设定的交易账户分迷你和标准两种。标准账户最低开户金额为2000美元，资金杠杆比例为1∶200。而迷你账户则是经纪商为初次接触和喜欢"以小博大"的投资人专设的，每单盈亏是标准账户的1/10，最低开户金额仅为20美元。在实际交易中，不同经纪商提供的报价会有些微的差别，但基本上是根据国际汇市行情来制定的，很少有上下浮动的空间，点差维持在3～5个点。

三、外汇保证金交易的方式

（一）汇率的显示

在国际市场做外汇保证金交易，主要是以汇率的波动来显示，汇率的具体表现是一个"货币对"。例如，"英镑对美元"就是这种"货币对"，它代表目前市场上英镑的价格是和美元相比而来的。相应地，所有交易都是在买进一只货币后，同时卖出另外一只。基准货币是买进或卖出的基础。比如欧元对美元（EUR/USD），如果你认为美国经济将继续下滑并且将对美元不利，你可以买进EUR，也就是你买进欧元并且预期欧元相对美元会上升，同时卖出了美元；相对而言，如果你预期美元相对欧元会上升，可以买进美元同时卖出欧元。

（二）报价

外汇保证金的买进和卖出价格都是由银行或做市商、经纪商自行决定报出来的，也就是金融机构针对个人会实时报出每种货币不同的买入和卖出价格，由个人客户根据自身的判断决定当时的买卖方向。报价通常以5位数字来显示。

买入和卖出的差价就是点差。对于投资者来说，点差越小，交易成本就越小，获利的机会就越大。

所有保证金交易的报价都分为直接报价和间接报价。这种分类是历史形成的延续，它们在后面要讲的每点盈利的计算上有着不同的表现。

（三）交易合约

外汇保证金的合约单位类似期货和证券交易，都是以一个规定的最低固定数目作为单位来进行的，也被称之为1手（口）合约。需要明确的是，这里提到的交易合约是指投资者投入保证金进行比率放大后的资金单位，而非客户本身实际资金的大小。

外汇合约的金额是根据外币的种类来确定的，具体来说，每1手合约的金额分别是1250万日元、6.25万英镑、12.50万欧元、12.5万瑞士法郎，每手合约的价值约为10万美元。每种货币的每个合约的金额是不能根据投资者的要求改变的。投资者可以根据自己的定金或保证金的多少来买卖几手或几十手合约。

外汇期权

四、外汇保证金交易盈亏分析

根据外汇保证金买卖的交易方式，我们既可以在低价位先买，待价格升高后再卖出；也可以在高价位先卖，等价格跌落后再买入。外汇的价格总是在波动中攀升或下跌。这种既可先买又可先卖的方法，不仅可以在上升的行情中获利，也可以在下跌的形势下赚钱。投资者若能灵活运用这一方法，无论升市还是跌市都可以左右逢源。那么，投资者应如何来计算外汇保证金交易的盈亏呢？

（一）外汇汇率的变化

投资者从汇率的波动中赚钱可以说是合约现货外汇投资获取利润的主要途径。计算盈亏就是计算买入 / 卖出货币组合之间的点差价值。先确定是直接报价货币还是间接报价货币，然后用计算公式得出结论。在外汇保证金交易中，赚的点数越多，盈利也就越多；赔的点数越少，亏损也就越少。

（二）利息的支出与收益

在合约现货外汇交易中，投资者还可能获得可观的利息收入。合约现货外汇的计息方法，不是以投资者实际的投资金额计算，而是以合约的金额计算。例如，投资者投入1万美元作为保证金，共买了5手合约的英镑，那么，利息的计算不是按投资人投入的1万美元计算，而是按5手合约的英镑的总值计算，即英镑的合约价值乘合约数量（62500英镑×5），这样一来，利息的收入就很可观了。

（三）手续费的支出

投资者买卖合约外汇要通过金融公司进行。因此，投资者要把手续费支出计算到成本中去。金融公司收取的手续费是按投资者买卖合约的数量计算，而不是按盈利或亏损的多少计算，因此，这是一个固定的量。

► **实训示例**

外汇保证金交易可以不受自有资金的限制，双向成交。关于具体实务交易的流程和盈亏计算，以实训一为例来加以介绍。

（一）多头外汇虚盘交易实训

（1）直接标价法。以加元为例进行实训，多头外汇虚盘即指看涨加元，因此买入加元合约，意味着卖出美元合约。

（2）间接标价法。以英镑为例进行实训，多头外汇虚盘即指看涨英镑，因此买入英镑合约。

（二）空头外汇虚盘交易实训

（1）直接标价法。以日元为例进行实训，空头外汇虚盘即指看跌日元，因此卖出日元合约，意味着买进美元合约。

（2）间接标价法。以欧元为例进行实训，空头外汇虚盘即指看跌欧元，因此卖出欧元合约。综上所述，间接标价法的货币进行空头交易时，汇率下跌出现获利，汇率上升则亏损。

延伸学习信息：外汇从业资格证考试，是针对想要从事银行外汇从业考生的一场综合能力检测，主要考查考生外汇从业的相关工作能力。

外汇从业资格考试样题

► **实训要求**

1. 按实训任务进行汇率观测和交易。

2. 写出完整的实训报告。

实训五
黄金投资基础知识

➤ **实训目的**

1.掌握黄金投资的基础知识，明确黄金投资相对于其他投资品的差异。

2.了解黄金市场情况与黄金投资的风险。

3.熟悉我国主要的黄金交易市场——上海黄金交易所和上海期货交易所黄金期货的基本情况。

4.掌握黄金行情分析软件的功能。

➤ **实训内容**

1.了解黄金的基础知识。

2.了解国内外黄金市场的发展历史。

3.熟悉国内外黄金投资市场的基本情况。

4.调查了解我国上海黄金交易所和上海期货交易所黄金期货的基本情况。

5.熟悉黄金行情分析软件，了解主要的黄金报价。

6.尝试进行黄金投资模拟。

➤ **实训知识**

一、黄金的基础知识

（一）自然属性特点

黄金作为一种贵金属，其在自然属性特点方面十分突出，具有很高的密度和熔点、优良的延展性、良好的导电、导热性和化学性，加上其反射着耀眼光芒的外表，使它为世人所推崇，成为财富的象征（如图 5-1）。

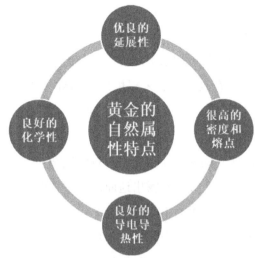

图 5-1　黄金的自然属性特点

黄金的密度很大，为 19.32 克／厘米^3，直径仅为 46 毫米的纯金球，其重量就有一公斤。如果要把目前所有存世的黄金装入一个空间，只要一艘大型油轮就可以搞定。

"真金不怕火炼"，黄金的熔点很高，达 1064.43 摄氏度，在一般火焰下不容易熔化。

黄金有着很高的延展性，你可以随心所欲地将它变成任何形状，能碾成厚度为 0.001 毫米透绿色的金箔，因此是制造首饰的佳选。1 盎司（约 28.35 克）的黄金就可以拉成 50 英里（约 80467.20 米）长的金丝或 100 平方英尺（约 9.29 平方米）面积的薄金片。

黄金良好的化学性也有目共睹。跟地球上任何其他的元素不同，古往今来已经挖出来的金子，现在仍然保存完好。4500 年前埃及人的金制假牙齿桥，现今状态依旧良好，就是装进你的蛀牙里也不要紧。

（二）黄金的分类

黄金在自然界中以游离态存在，按照来源的不同和提炼后含量的不同，可以分为"生金"和"熟金"。

1. 生金

生金又叫"原金""天然金"或"荒金"，是人们从矿山或河床边开采出来、未经提炼的黄金，可以分为矿金和沙金两大类。

（1）矿金也称合质金，产于矿山、金矿，大都是随地下涌出的热泉通过岩石的缝隙沉淀而成的，常与石英夹在岩石的缝隙中，矿石经过开采、粉碎、淘洗，大颗的金可以直接拣取，小粒的可用水银溶解。矿金大多与其他金属伴生，其中除黄金外还有银、钮、锌等，在其他金属未提炼出之前称为"合质金"。矿金因产于不同的矿山而所含的其他金属成分会有所不同，因此，成色高低也不一，一般纯度在50%～90%。

（2）沙金是产于河流底层或低洼地带、和石沙混杂在一起、经过淘洗出来的黄金。沙金起源于矿山，是由于金矿石露出地面，经过长期风吹雨打、岩石风化而崩裂，金便脱离矿脉伴随泥沙顺水而下，自然沉淀在石沙中，在河流底层或砂石下面沉积为含金层，从而形成沙金。沙金的特点是颗粒大小不一，大的像蚕豆，小的似细沙，形状各异；颜色因成色高低而不同，九成以上为赤黄色，八成为淡黄色，七成为青黄色。

2. 熟金

一般把经过提炼的黄金称为"熟金"。熟金中因加入其他元素而使黄金在色泽上出现变化。人们通常把只加入了金属银的熟金称为"清色金"，而把掺入了银和其他金属的熟金称为"混色金"。

市场链接：中国的黄金产量

根据中国黄金协会发布的《中国黄金年鉴 2019》显示，2018 年我国黄金总产量 513.90 吨，其中自有矿产资源黄金产量为 401.12 吨，与上年同期相比减少 25.02 吨，同比下降 5.87%，但我国黄金产量仍稳居全球首位，自 2007 年以来已经连续 12 年位居全球第一。2018 年我国黄金产量占全球比重约为 11%，比 2007 年下降了 0.93%，与第二名的差距由 2007 年的 133 吨下降至 86 吨。

（资料来源：中国黄金投资网）

（三）黄金的成色与价格标示

要进行黄金投资，首先要了解市场上对黄金成色的标注以及交易价格的表示方法。

黄金成色一般用 K 来表示，1K 黄金的含金量为 4.1666%，18K 黄金的含金量是 74.998%，24K 黄金的含金量为 99.998%，基本视为纯金。黄金成色还可以直接用含量百分比表示，通常是将黄金重量分成 1000 份的表示法，如金件上标注 9999 的为 99.99%，而标注为 586 的为 58.6%。

黄金的价格表示，国内市场主要用"元 / 克"来标价，国际上主要用"美元 / 盎司"，"盎司"是黄金的重量单位，1 盎司 ≈ 28.35 克。

（四）黄金的三大属性及相关功能

黄金具有商品属性、货币属性和投资属性三大属性（见表 5-1）。

从商品性角度分析，黄金具有消费和收藏功能，它的市场需求稳定增长，消费需求长期旺盛；同时资源稀缺性明显，是财富传承的重要工具。

从货币性角度分析，黄金具有保值和避险功能，它是无国界与区域限制的保障性结算资产，属于超越"国家信用"级别的终极货币；同时是国际三大战略储备资产之一，在一定程度上具有规避经济危机、金融风险的功能。

从投资性角度分析，它具有投资和投机功能，属于非债务性资产，全球市场非常发达；投资工具丰富，全球价格联动。

表 5-1　黄金三大属性下的核心功能与特点

属性	功能	特点
商品性	消费、收藏	市场需求稳定增长，消费需求长期旺盛。 资源稀缺性明显，是财富传承工具。
货币性	保值、避险	无国界与区域限制的保障性结算资产，属于超越"国家信用"级别的终极货币。 三大战略储备资产之一，在一定程度上具有规避经济危机、金融风险的功能。
投资性	投资、投机	属于非债务性资产，全球市场发达。 投资工具丰富，全球价格联动。

二、黄金市场

黄金市场是黄金交易的主要场所，是与资本市场、外汇市场、石油市场、债券市场等并驾齐驱的现代投资市场。世界各大黄金市场经过几百年的发展，由于发展的环境和路径不同，形成了较为完善、各具特色的交易方式和交易系统（如图 5-2 ）。

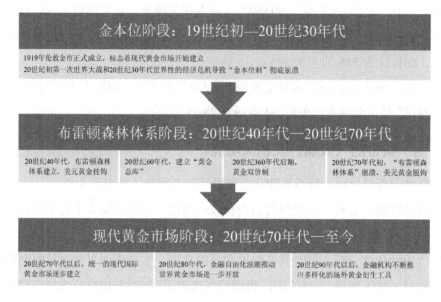

图 5-2　黄金市场发展阶段图

世界主要黄金市场分布在欧洲、亚洲、北美洲三个区域，将交易时间连成一体，投资者们可以 24 小时无间断交易。

欧洲黄金市场：伦敦黄金市场、苏黎世黄金市场。

亚洲黄金市场：中国香港黄金市场、东京黄金市场。

北美黄金市场：纽约、芝加哥黄金市场和加拿大的温尼伯黄金市场。

1. 伦敦黄金市场

伦敦黄金市场历史最为悠久，也是世界上最大的黄金交易市场。伦敦黄金市场没有实际的交易场所，其交易是通过无形方式——各大金商的销售联络网完成的。交易所会员由具有权威性的五大金商及一些公认为有资格向五大金商购买黄金的公司或商店所组成，然后再由各个加工制造商、中小商店和公司等连锁组成。交易时由金商根据各自的买盘和卖盘，报出买价和卖价。

2. 苏黎世黄金市场

苏黎世黄金市场位于瑞士，由瑞士三大银行：瑞士银行、瑞士信贷银行和瑞士联合银行负责清算结账，三大银行不仅为客户代行交易，而且黄金交易也是这三家银行本身的主要业务。由于瑞士特殊的银行体系和辅助性的黄金交易服务体系，为黄金买卖提供了一个既自由又保密的环境，加上瑞士与南非也有优惠协议，获得了80%的南非金，以及前苏联的黄金也聚集于此，使得瑞士不仅是世界上新增黄金的最大中转站，也是世界上最大的私人黄金的存储中心。

3. 纽约和芝加哥黄金市场

美国的纽约和芝加哥黄金市场以期货交易为主，是世界最大的黄金期货交易中心。在纽约商品交易所COMEX分部交易的黄金品种有黄金期货、迷你期货、期权和基金。参与COMEX黄金买卖的以大型对冲基金及机构投资者为主，他们的买卖对金市产生极大的交易动力，往往可以主导全球金价的走向。同时庞大的交易量吸引了众多投机者加入，整个黄金期货交易市场有很高的市场流动性。

4. 中国香港黄金市场

中国香港黄金市场的形成以香港金银贸易场的成立为标志。由于香港黄金市场在时差上刚好填补了纽约、芝加哥市场收市和伦敦开市前的空挡期，可以连贯亚洲、欧洲、北美洲时间形成完整的世界黄金市场。其优越的地理条件引起了欧洲金商的注意，伦敦五大金商、瑞士三大银行等纷纷进港设立分公司。他们将在伦敦交收的黄金买卖活动带到香港，逐渐形成了一个无形的当地"伦敦黄金市场"，促使香港成为世界主要的黄金市场之一。

2015年启动的"黄金沪港通"和2017年11月启动的"黄金深港通"，让中国内地投资者可以参与香港黄金现货交易，内地和香港黄金市场互联互通升级。

5. 中国内地黄金市场

我国黄金市场改革起始于1993年，2002年10月上海黄金交易所开业，标志着中国的黄金业开始走向市场化；2007年9月11日，中国证监会批准上海期货交易所组织黄金期货交易；2008年1月9日，黄金期货合约正式上市使我国黄金市场逐步完善；2014年9月，上海黄金交易所开通了国际板业务（SGE International），实现了国内黄金市场和国际黄金市场的有效联通；2016年1月，推出国家级市场首款移动互联交易终端"易金通"，打造惠及群众的"百姓金"平台；2016年4月，上海黄金交易所发布全球首个以人民币计价的黄金基准价格"上海金"，为黄金市场参与者提供了良好的风险管理和创新工具，加快了中国黄金市场的国际化进程；2018年6月26日，中国人民银行金融市场司发布关于征求对黄金资产管理业务有关事项通知意见的函，对黄金资

黄金与黄金市场

产管理业务进行规范，加强对黄金市场的监督管理，防范黄金市场风险；2019 年 10 月，上海黄金交易所上线纽约金延期产品，2019 年 12 月，上海期货交易所推出黄金期权产品，我国的黄金投资产品进一步丰富。

市场链接：上海黄金交易所推出的"黄金国际板"

为了给全球黄金市场提供更多的投资机会，同时使中国黄金市场更好地融入全球市场，经中国人民银行批复，上海黄金交易所于 2014 年 9 月开通了国际板业务。"黄金国际板"是在中国（上海）自贸区推出的首个国际化金融类资产交易平台。全球投资者可以通过开立 FT 账户，使用离岸人民币、可兑换外币参与上海黄金交易所交易，联动欧美等境外黄金市场，实现全球对接。交易流程见图 5-3。国际板区内、区外实行分区交割，封闭清算，上海黄金交易所指定交割仓库负责办理交割相关业务。交割体系见图 5-4。

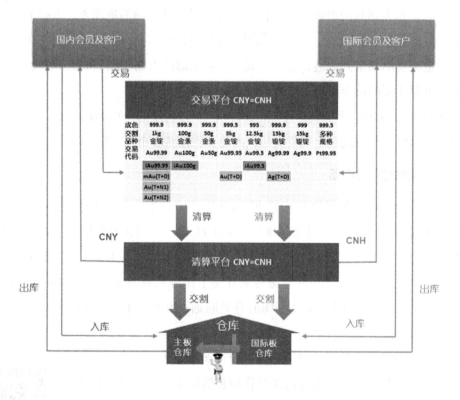

图 5-3 "黄金国际板"交易流程图

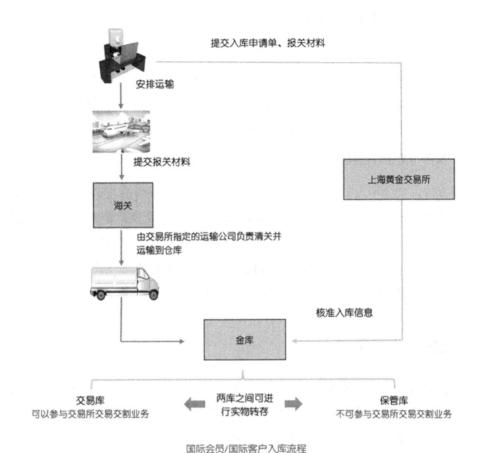

图 5-4 "黄金国际板"交割体系图

三、黄金的投资优势

黄金作为一种实物资产，在投资理财领域有着无可比拟的优势。

黄金投资的特点

1. 保值：黄金是财富的象征

说起黄金，大家脑海中肯定浮现金光闪闪的一片，女士们为美轮美奂的黄金首饰心动，男士可能更关心它们所代表的财富。纵观人类历史进程，无论世界经济如何变化与发展，黄金作为最古老和最普遍为人接受的重要金融资产的地位始终没有动摇过，是当今最可信任的、可以长期保存的财富形式之一，也是个人理财获得财务自由的源泉和标志。

2. 避险：黄金可以抵御风险

美联储前主席格林斯潘曾说过："极端情况下，没人会要纸币，但是黄金永远有人要。"黄金具有品质稳定、维护成本低、转移便利、变现性强等特点，在发生政治动荡和经济衰退时，价值不跌反升，且作为实物资产，可以在一定程度上抵御通货膨胀风险，因此是一种相对安全稳健的个人投资产品。

3. 实用：黄金有很强的使用价值

一方面，黄金作为彰显尊贵和生活品位的象征，是重要的艺术饰品材料，对黄金饰品情有独钟的亚洲国家、拉美国家和俄罗斯等国对金饰品消费需求不断增长。另一方面，黄金由于熔点高、密度大、延展性好，传导性强等物理特性，在生产领域用途广泛，特别是在医疗、计算机和航天航空制造业中不可或缺，是重要的工业原料。这些实用领域的需求同时也确保了黄金价值的稳定。

四、黄金的投资风险

市场上的黄金投资品种日趋多样，有金条、金币等实物黄金，也有"纸黄金"、黄金 ETF 基金、黄金期货、黄金期权等黄金衍生产品。面对这样一个迅速发展并成为热点的黄金投资市场，风险意识显得尤为重要。

1. 实物黄金回购风险

不同的黄金投资产品风险是不同的，金条和金币这类实物黄金的投资风险相对较小，让投资者觉得"手里有货，心里不慌"，但是如果不是为了收藏而是希望通过金价的波动来实现投资获利的话，具有较大的回购风险。

国际上的黄金回购量占总需求量的 20% 左右。在国内，国家统配统销的时期，所有黄金由人民银行来回购，但黄金市场开放以后，人民银行取消了这项业务，黄金回购成了一块"心病"。目前，国内在黄金回购业务方面并无统一的标准体系，实物黄金投资者进行黄金回购面临的问题主要为：（1）价格不透明；（2）检测标准问题；（3）渠道不便利；（4）较高的手续费。

市场链接：实物黄金的回购渠道

目前我国的黄金回购渠道主要包括典当行、金店、商业银行以及互联网线上平台，并且回购渠道不断扩容。

虽然回收渠道在不断丰富，但是各个渠道对于回收的黄金种类有所不同。

典当行和互联网平台回收的黄金种类最为齐全，较为便利且往往手续费较优惠。如宝瑞通典当行回收成色24k以上的黄金；互联网渠道存金通平台也不挑品牌种类；平安银行推出的线上代理黄金回购业务回收该行销售的实物黄金及第三方实物黄金；京东线上黄金回购平台的回购价格为实时基础金价减3.5元/克，手续费十分低廉。

银行网点的黄金回收种类在只认"自家品牌"之后有所突破。例如工商银行的黄金回收渠道包括品牌金回购网点和综合性回购网点，前者只回收自有品牌实物金条、金块；后者回购成色为Au99.0及以上的各类实物黄金产品。

金店中，中国黄金只回收自有品牌金条产品，首饰类多为以旧换新。

需要注意的是，银行非自家品牌黄金产品需通过专用熔金设备进行火熔，检测结果成色不足标准的产品不予回购，黄金产品和包装将无法还原。

2. 投资操作的风险

目前，我国"纸黄金"和黄金期货等的黄金衍生品投资都是由个人来进行操作，因此投资心理、专业知识和投资经验对投资者操作黄金投资获利有着重要的作用。投资者一旦在黄金的价格高位而不知控制风险地盲目追逐利润，可能会遭受巨额损失；经历过一些投资失败的投资者又往往会形成一定的恐惧心理，盲目赔钱卖出。这些投资者操作上的风险需要得到控制。

3. 网络技术的风险

目前，黄金投资大量通过网络交易完成，所以电子信息系统的技术性和管理性安全就成为网络交易运行最重要的技术风险。这种风险既来自计算机系统停机、磁盘列阵破坏等不确定因素，也来自网络外部的数字攻击，以及计算机病毒破坏等因素。

黄金投资同其他投资方式一样，风险与回报并存，以上的风险只是其中的一部分，其他如政府行为、战争、自然灾难、各国经济形势变化、汇率波动等都会导致本金和收益的损失，投资者更要调整好心态，在面对巨大利润的同时，也要防范巨大的风险。

延伸知识："全国黄金交易从业水平考试"考试

"全国黄金交易从业水平考试"是由全国黄金交易从业水平考试考务委员会于2016年5月推出的一项水平测试类考试，旨在落实中国人民银行等六部委颁发的《关于促进黄金市场发展的若干意见》，切实加强对投资者的教育、对金融机构的专业人员培养工作，培育和规范我国黄金及贵金属交易市场的专业人才，使投资者和交易人员系统掌握黄金投资交易、分析、风险规避等知识，满足银行、券商、保险等金融机构对黄金交易专业人员的需求。

2019年度"全国黄金交易从业水平考试"具体安排如下：

一、考试报名

（一）考试报名条件

（1）报名截止日年满18周岁；

（2）具有完全民事行为能力；

（3）有志于在黄金投资、交易领域学习或从业者均可由考生自愿报名。

（二）报名方法

2019年度考试提供个人报名入口和集体报名入口。

个人报名：在报名网站或官方微信中注册后，根据指引完成报名，须保证自己所填的报名信息真实准确。

集体报名：集体报名账号仅对上海黄金交易所认证的14家培训机构开放。

考试报名网站：http://sge.examos.cn/OEXAM/public/

（三）考试范围、科目及形式

考试范围参考官方考试教材《黄金市场基础知识与交易实务》。考试开考科目为《黄金市场基础知识与交易实务》。考试采取闭卷上机考试形式。

（四）考试题型

题型包括选择题和判断题。考试题量为90题，其中单选题50题、每题1分，多选题20题、每题2分，判断题20题、每题0.5分，总分100分。考试时间为90分钟。考试结果60分及以上视为合格成绩。

（五）考试通过证明

考试成绩合格可通过考试报名网站下载、打印"全国黄金交易从业水平考试"合格证明。通过上海黄金交易所认证培训机构集体报名的考生，由培训机构统一下载、打印考试通过证明并发至考生。考试成绩及合格证明长期有效。

（资料来源：上海黄金交易所官方网站）

五、黄金行情与报价

各类黄金行情分析软件的界面和分析方法有很多类似之处，这里选择同花顺行情分析软件中黄金行情分析部分以及上海黄金交易所推出的"易金通"移动端 APP 查看黄金行情和报价。

黄金行情分析
软件的使用

（一）同花顺行情分析软件获取黄金行情信息

通过同花顺行情分析软件可以非常便利地获得国内外黄金市场的各类报价信息。

1. 了解国内黄金市场的价格信息

（1）获得上海黄金交易所相关报价信息（如图 5-5）

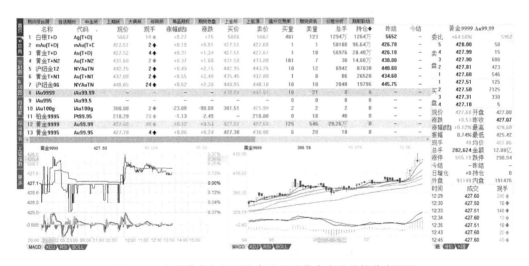

图 5-5　上海黄金交易所推出的各种黄金产品价格信息页面

通过"菜单"—"扩展行情"—"期货"—"上金所"或者直接快捷键"709"，可以获得上海黄金交易所推出的 AU99.99、AU99.95、AU99.5、AU100g、AU50g、AU（T+D）、mAU（T+D）、iAU99.99、iAU99.5、iAU100g、AUT+N1、AUT+N2 以 及其他的铂金和白银等贵金属产品报价。

（2）获得上海期货交易所黄金期货产品报价信息（如图 5-6，5-7）

通过"菜单"—"扩展行情"—"期货"—"上期所"或者直接快捷键"714"，可以获得上海期货交易所推出的黄金期货产品报价。

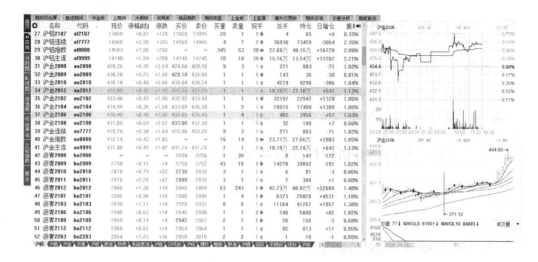

图 5-6　上海期货交易所推出的各种黄金产品价格信息页面

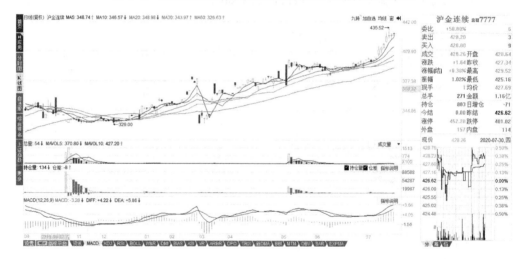

图 5-7　沪金连续的行情信息页面

2. 获得国际黄金市场报价信息

（1）直接输入"NYJLX"或者"GC0Y"即可进入纽约金的行情信息页面（如图5-8）。

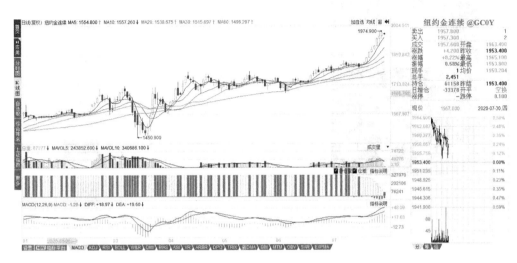

图 5-8　纽约金的行情信息页面

（2）直接输入"XAUUSD"即可进入伦敦金的行情信息页面（如图5-9）。

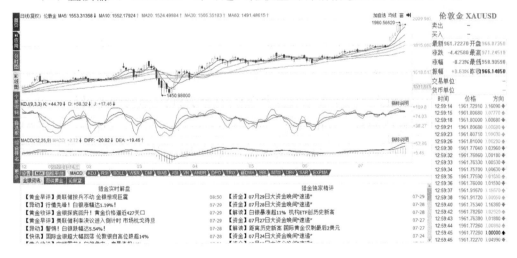

图 5-9　伦敦金的行情信息页面

（二）"易金通"移动端 APP 的黄金行情和报价

1. 下载 APP 软件，并进入"易金通"主页面（如图 5-10，5-11）

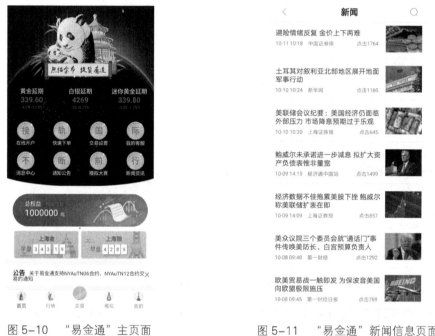

图 5-10　"易金通"主页面　　　　图 5-11　"易金通"新闻信息页面

2. "易金通"移动端 APP 的主要功能

上海黄金交易所推出的"易金通"移动端，具有行情、交易、查询、资讯等多种功能，有利于投资者实时掌握上海黄金交易所合约行情，进行快速报单、随时交易，同时获取多样化的黄金资讯内容（如图 5-12，5-13，5-14）。此外，利用"易金通"移动端，还可以进行黄金模拟交易，为黄金实盘交易奠定基础（如图 5-15，5-16）。

图 5-12 注册开户页面　　图 5-13 交易登录页面　　图 5-14 选择代理机构页面

图 5-15 模拟交易页面　　　　图 5-16 模拟交易大赛页面

➤ **实训要求**

1.按实训内容逐步进行具体操作，熟悉黄金市场的基础知识，完成对当前黄金市场价格的了解并能够进行投资模拟交易操作。

2.写出完整的实训报告。

实训六

黄金价格走势分析

► **实训目的**

1. 了解并掌握供求关系对黄金价格走势的影响。

2. 了解并掌握熟悉国际地缘政治、经济金融形势变化和投资市场联动对影响黄金价格的影响。

3. 学会利用技术分析方法分析黄金的价格走势。

► **实训内容**

1. 从供给和需求两大方面来分析黄金价格走势。

（1）收集资料并分析当前的黄金供给情况。

（2）收集资料并分析当前的黄金需求情况。

2. 收集信息并分析国际地缘政治因素对黄金价格的影响。

3. 收集信息并分析国际经济形势因素对黄金价格的影响。

（1）分析反映国际经济形势各项指标的变化对黄金价格的影响。

（2）通过图形对比分析黄金价格与美元指数的关系。

4. 收集信息并分析国际金融形势因素对黄金价格的影响。

5. 收集信息并分析投资市场联动因素对黄金价格的影响。

6. 查看并分析国际上大型黄金 ETF 基金的黄金持仓情况。

（1）收集目前的持仓量情况。

（2）持仓的变化趋势分析。

7. 分析黄金和其他贵金属价格的关系。

（1）通过图形对比分析黄金与白银的价格走势关系。

（2）通过图形对比分析黄金与铂金的价格走势关系。

8.利用技术分析方法分析黄金的价格走势。

9.根据分析结果，进行黄金投资模拟交易操作。

> **实训知识**

供求关系对黄金价格的影响

一、供求关系对黄金价格走势的影响

一般商品的价格机制是供求关系决定价格，而黄金的商品属性也使得其价格走势必然会受到供给和需求因素的影响。但需要注意的是，由于黄金不同于一般商品的特殊性，使其价格走势有其特殊性。

黄金属于重要避险资产，当市场出现风险事件时，通常会助推金价上涨。2020年3月9日，由于新型冠状病毒影响，美股遭遇重挫，开盘即暴跌，标普500指数迅速下跌7%，触发第一层熔断机制，与此相对，当天黄金价格大涨，盘中一度冲至1703.1美元/盎司，创出新高。

（一）供给因素对黄金价格的影响

黄金供给数量与黄金价格呈反向变动关系。世界黄金市场的供应目前主要有四大主体：世界各产金国的新产金（约占60%）、回收的再生金（约占20%）、官方售金（约占10%）和黄金市场的私人及机构售金（约占10%）。

1.矿产金的生产

矿产金的生产是黄金供应的主要来源，由世界各大金矿企业开掘流入市场。从产量分布来看，非洲、北美洲、大洋洲黄金产量呈下降趋势，而拉丁美洲、亚洲的产量逐渐上升。

世界黄金协会数据显示，2018年全球矿产金产量3346.9吨，同比增长0.8%；《中国黄金年鉴2019》显示，2018年我国黄金总产量513.90吨，其中自有矿产资源黄金产量为401.12吨，与去年同期相比减少25.02吨，同比下降5.87%，但自2007年以来，我国黄金产量仍稳居全球首位。

要了解矿产金的供应变化，必须了解并跟踪世界主要矿产金生产企业的产量情况。中国产量较大的黄金生产企业包括紫金矿业、中金黄金、山东黄金、招金矿业等，国际的黄金生产大鳄主要有加拿大的Barrick、Goldcorp和Kinross，美国的Newmont Mining和Freeport McMoRan，南非的AngloGold、AshantiAGold Fields

和 Harmony，澳大利亚的 Newcrest 和 Lihir，乌兹别克斯坦的 Navoi MMC，秘鲁的 Buenaventura，俄罗斯的 Polyus，英国的 Rio Tinto 等。

市场链接：我国最大的矿产金生产企业——紫金矿业

紫金矿业公司是中国企业中拥有金、铜、锌资源储量最多的企业之一，它位居 2018 年《福布斯》全球上市企业 2000 强第 947 位，是全球有色金属企业第 14 位、全球黄金企业第 2 位。紫金矿业公司黄金储备情况见表 6-1。

表 6-1　紫金矿业公司黄金资源储备情况表

类目	紫金矿业	中国矿山总量	紫金／中国总量
保有黄金资源储量	1,727.97（吨）	13,195.56（吨）	13.10%
矿产金产量	36.50（吨）	345.97（吨）	10.55%

2018 年，紫金矿业集团生产黄金 241,628 千克（7,768,514 盎司），同比上升 13.03%。其主要矿山矿产金情况见表 6-2。

表 6-2　2018 年紫金矿业集团主要矿山矿产金情况表

主要企业或矿山	本集团持有权益	矿产金（千克）
巴布亚新几内亚波格拉金矿	47.5%	6,766
塔吉克斯坦泽拉夫尚公司	70%	4,567
澳大利亚诺顿金田黄金公司	100%	4,262
福建紫金山金铜矿	100%	3,241
吉尔吉斯斯坦奥同克公司	60%	3,237
吉林珲春曙光金铜矿	100%	3,111
		11,313
		36,497

数据来源：紫金矿业集团股份有限公司 2018 年报

2. 再生金的生产

再生金是指通过回收旧首饰及其他含金产品重新提炼的金，其产量与金价高低成正相关关系，金价越高其产量也增加越大。再生金产量主要来自制造用金量高的地区，如印度次大陆、北美、欧洲、亚洲等。

3. 官方机构售金

黄金作为一种货币商品，曾长期执行着价值尺度、流通手段、储藏手段、支付手段和世界货币的职能，然而随着世界各国金本位制，特别是布雷顿森林体系的彻底解体之后，黄金逐渐退出了货币流通领域，但仍保持着储藏手段的职能，被大多数国家政府作为外汇储备，用以维护其货币体系和经济的稳定，因此，各国中央银行是世界上黄金的最大持有者。

20世纪90年代以后，黄金的主要用途由重要储备资产逐渐转变为生产珠宝的金属原料，或为改善本国国际收支，或为抑制国际金价，全球许多国家和组织开始削减黄金储备。

2010年以后，世界各国央行开始增持黄金，从黄金净卖出者转变为黄金净买入者，包括俄罗斯、土耳其、匈牙利、波兰央行等。据统计，2017年各国央行黄金购买量增加了36%，增加至366吨，与2016年相比增加幅度巨大。尤其是俄罗斯，在过去6年的时间里一直在增持黄金储备，仅2017年就增加了224吨，各国央行不同程度地增持黄金，让黄金储备的排名也出现了一定程度的变化。

2018年世界黄金储备前十位

2018年，黄金储量排在世界前十位的国家都有哪些呢？

第十名：印度

官方公布黄金储量：560.3吨

黄金占外汇储备比例：5.5%

印度人对黄金的钟情是根植于印度古老的文化之中的，印度的黄金购买行为会直接影响黄金价格的走势。

第九名：荷兰

官方公布黄金储量：612.5吨

黄金占外汇储备比例：68.2%

荷兰虽然黄金储量并不低，但是此前大部分黄金储存在美国，还有一部分储存在加拿大和英国，不过自从在阿姆斯特丹建立了新金库以来，荷兰就开始将黄金大量地从他国金库运回了本国。

第八名：日本

官方公布黄金储量：765.2 吨

黄金占外汇储备比例：2.5%

日本作为排在中国后面的第三大经济体，黄金储备在全球排在第八位，日本央行一直奉行宽松的货币政策，在 2016 年将其存款利率降到 0 以下后，大幅刺激了黄金需求。

第七名：瑞士

官方公布黄金储量：1040 吨

黄金占外汇储备比例：5.3%

瑞士的黄金储备量在全球虽然排在第七位，但实际上瑞士的人均黄金储备量是排全球第一的，这也得益于"第二次世界大战"期间，作为中立国的瑞士成了欧洲黄金交易的中心，同盟国和轴心国之间的黄金交易都发生在此地。

第六名：中国

官方公布黄金储量：1842.6 吨

黄金占外汇储备比例：2.4%

中国连续六年保持着黄金增持量，但是增持幅度只有 2.4% 左右，是前十位中增持黄金量最少的国家。

第五名：俄罗斯

官方公布黄金储量：1909.8 吨

黄金占外汇储备比例：17.6%

过去 6 年间，俄罗斯不断增持黄金，而且增持的幅度在所有央行中是最大的。在 2018 年年初，俄罗斯央行的黄金储备量首次超过了中国，位居全球第五位。在 2017 年，俄罗斯购买了 224 吨黄金，目的就是为了实现外汇储备资产多样化，降低对美元的依赖。

第四名：法国

官方公布黄金储量：2436.0 吨

黄金占外汇储备比例：63.9%

法国在过去 7 年，几乎从来没有抛售过黄金。法国央行表示黄金储备是他们增强信心也是外汇储备多元化的一种手段。

第三名：意大利

官方公布黄金储量：2451.8 吨

黄金占外汇储备比例：67.9%

意大利在历次《欧洲央行售金协定》下都不曾出售过黄金储备。

第二名：德国

官方公布黄金储量：3371 吨

黄金占外汇储备比例：70.6%

在过去的 4 年里，德国把存放在美国和法国的 674 吨黄金运回了本国。2016 年，黄金需求创下历史高点之后回落，在全球金融危机爆发之后，德国的黄金投资总量却仍然保持上涨的态势。

第一名：美国

官方公布黄金储量：8133.5 吨

黄金占外汇储备比例：75.2%

美国的官方黄金储备世界第一，黄金占外汇储备的比例甚至超过了 3/4。

4. 私人及机构售金

黄金 ETF 基金是目前国际黄金市场最重要的机构投资者，其出售黄金的数量变化会直接影响国际黄金市场价格，并引导市场投资者对黄金未来价格走势的预期。在进行黄金投资时可以重点关注国际上最大的黄金 ETF 基金——SPDR Gold Shares 基金（纽交所代码 GLD）的持仓变动情况。具体况数据可以在官方网站（http://www.spdrgoldshares.com/）上获取。

（二）需求因素对黄金价格的影响

黄金需求数量与黄金价格呈正向变动关系。黄金消费结构如图 6-3 所示。

1. 首饰业、工业等黄金实际需求

一般来说，世界经济的发展速度决定了黄金的实际总需求，例如：在微电子领域，越来越多地采用黄金作为保护层；在医学以及建筑装饰等领域，尽管科技的进步使得黄金替代品不断出现，但黄金以其特殊的金属性质使其需求量仍呈上升趋势。

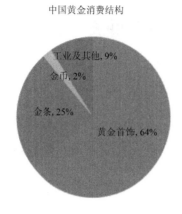
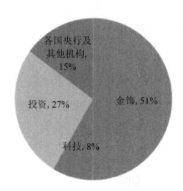

数据来源：世界黄金协会

图6-3　黄金消费结构图

2. 黄金投资和投机需求

黄金的投资和投机需求量高低是目前短期影响黄金价格走势的重要因素，尤其是自从2003年黄金ETF基金诞生以来，吸引了上千亿的投资和投机资金流入黄金市场，成为影响金价波动的重要动力。

二、国际地缘政治对黄金价格的影响

国际地缘政治是根据各种地理要素和政治格局的地域形式，分析和预测世界或地区范围的战略形势和有关国家的政治行为，如国际政局动荡、战争等。国际地缘政治变化对黄金价格走势有着重要影响。

（一）国际地缘政治形势通过影响信用货币稳定性影响黄金价格

格林斯潘说过："极端情况下，纸币没人会要，黄金永远有人要！"当国际政治局势不稳定时，会造成信用货币稳定性动摇，同时政府为战争或为维持国内政治局势的平稳而支付费用，大量投资者则会转向黄金保值投资，这些都会扩大对黄金的需求，刺激黄金价格上涨。

（二）国际地缘政治形势通过影响资源供给稳定性影响黄金价格

在战略性资源需求日益增长的现代社会，当重要战略资源富集地区地缘政治出现不稳定预期时，如中东地区局势不稳定时，石油等重要战略性资源的供给就会受到威胁，社会运行状态将会被打乱，有重大避险功能的黄金将会受到青睐，进而引起黄金价格的上扬。

（三）重大国际地缘政治事件与黄金价格相互影响并相互验证

当重要文明之间的关系出现不协调，对应地区就会出现不稳定预期，从而导致黄金价格的波动；重大国际地缘政治事件发生前，黄金价格一般会有所反应，可以看作对这些地缘政治的预警。

延伸知识：20 世纪 70 年代后国际政治大事件影响黄金价格

1973 年布雷顿森林体系解体之前，由于国际上通行金本位（金汇兑本位），黄金价格受到管制，因此不存在价格上的剧烈波动问题。但伴随着越南战争把美国经济拖入低谷和随后布雷顿森林体系的解体，信用本位制度地位得以不断强化，黄金作为商品和货币的集合体，其价格开始出现剧烈波动，特别是 1973—1980 年和 2001—2007 年间世界黄金价格出现两次大幅上涨。究其原因，重要事件的发生是一次次引导金价波动的重要助力，而这些事件都与地缘政治因素有着千丝万缕的联系。1973—1974 年的第四次中东战争期间黄金价格出现大幅上涨，其后随着事态的逐渐平息而大幅回落。1979—1980 年，伊朗伊斯兰革命、苏联入侵阿富汗和两伊战争爆发等国际重大地缘政治事件的密集发生，支撑起黄金价格于 1980 年年初创下了 870 美元的历史高点。2007 年伊朗核危机对黄金价格也产生了一定的影响。

三、国际经济形势变化对黄金价格的影响

（一）国际经济形势变化对黄金价格影响的传导机制

国际经济形势变化对黄金价格影响的传导机制主要表现为以下两个方面：

一方面，当国际经济形势稳定并且发展良好——实体经济和虚拟经济领域充满投资机会（短期资本机会成本较高）——刺激短期资本流向实体经济投资或虚拟经济（证券市场）——黄金需求量减少——黄金价格趋势呈下降态势。

另一方面，当国际经济形势不稳定或出现危机预期——实体经济和虚拟经济领

域投资机会减少（短期资本机会成本下降）——刺激短期资本流从实体经济投资或虚拟经济（证券市场）分流——黄金需求量增加——黄金价格趋势呈上升态势。

特别需要注意的是，黄金的短期及中长期价格的走势都与国际经济形势紧密联系，而美国经济对黄金价格走势的影响尤其重要。主要原因是：（1）黄金用美元标价；（2）美国是最大的经济资源消耗国；（3）美国的资本市场是世界最大的投资市场。

（二）通货膨胀对黄金价格的影响

货币发行量超过了市场交易中的实际所需是导致通货膨胀发生的直接原因。这种货币现象的后果就是导致货币购买力下降，而黄金作为抗通胀最有力的良好金融工具之一，当市场的通货膨胀预期上升时，投资者为了避免自身资产价值的缩水，会加大对黄金的增持力度，导致黄金的需求上升，由此引发了通货膨胀时期的黄金价格攀升。

长期来看，每年的通胀率若是在正常范围内变化，那么其对金价的波动影响并不大；只有在短期内，物价大幅上涨，引起人们恐慌，货币的单位购买力下降，黄金投资需求急剧上升，金价才会明显上涨。进入 20 世纪 90 年代后，世界进入低通胀时代，作为货币稳定标志的黄金，用武之地日益缩小。但是，从长期看，黄金仍不失为对付通货膨胀的重要手段。

四、国际金融形势变化对黄金价格的影响

（一）美元汇率变化对黄金价格的影响

美元汇率是影响金价波动的重要因素之一。美元坚挺一般代表美国国内经济形势良好，美国国内股票和债券将得到投资人竞相追捧，黄金作为价值贮藏手段的功能受到削弱，需求减少，价格下跌；而美元汇率下降则往往与通货膨胀、股市低迷等有关，黄金的保值功能又再次体现，需求上升，价格上涨。因此在黄金市场上有美元涨则金价跌，美元降则金价扬的规律。

（二）各国货币政策变化对黄金价格的影响

当各国采取宽松的货币政策时，由于利率下降，出于保值因素的考虑，黄金需求增加，价格上升。以美国的货币政策为例，其变化与黄金价格走势存在着一定的关联性。

20世纪60年代美国的低利率政策促使国内资金外流，大量美元流入欧洲和日本，各国由于持有的美元净头寸增加，出现对美元币值的担心，于是开始在国际市场上抛售美元，抢购黄金，并最终导致了布雷顿森林体系的瓦解。

金融危机之前，美国实行低利率的宽松货币政策，美联储为了应对新经济泡沫以及"911"事件带来的影响，连续实施了13次降息进行货币政策调控，黄金价格在此期间经历了持续性的大牛市，其价格从2000年1月的290美元/盎司一路上升至2007年4月的近700美元/盎司，涨幅超过100%。

美联储第一轮量化宽松货币政策结束之后，在2010年11月和2012年分别推出了第二轮和第三轮量化宽松货币政策。此举引发了金融市场流动性释放，引发了美元以及美元资产的迅速贬值，导致大宗商品价格不断攀升，黄金也在此期间表现出了新一轮的牛市。

五、投资市场联动效应对黄金价格的影响

其他各类投资市场与黄金市场之间也存在一定的联动效应。

（一）外汇市场与黄金市场的价格联动

美元指数是来判断外汇市场上美元汇率走势强弱与否的指标。黄金价格与美元币值之间存在负的相关性，美元的升值或贬值会对黄金价格产生溢出效应，而且两者之间具备长期的协整关系。

美元指数的波动对金价的影响主要包括：一是由于美元是黄金的官方标价和交易手段，因此当美元在国际外汇市场中走势疲软时，等量的其他货币可以买更多数量的黄金，从而使得黄金市场的需求上升，推动金价攀升；反之亦然。二是从黄金的金融属性来讲，美元汇率的变动会对投资者在选择黄金和其功能互补资产时的投资决策产生重大影响。通常来说，美元走势的坚挺意味着未来预期经济的繁荣，黄金的避险保值功能就会被削弱。因此当经济繁荣时期投资者会选择增加持有美元而减持黄金，导致黄金的需求下降，金价下降；反之黄金的价格就会上升。需要注意的是，在金融危机时期，黄金市场与外汇市场的联动性明显变弱，黄金价格受多重因素影响。有学者以欧债危机为背景，选取美元兑瑞士法郎汇率、欧元兑美元汇率和日元兑美元汇率作为汇率样本，和COMEX黄金价格建立VAR模型进行研究，发现在欧债危机时期，外汇市场和黄金市场间的相关性明显变弱；对黄金市场和人民

币兑美元、人民币兑欧元和人民币兑日元汇率的关联性进行研究，发现在金融危机时期，人民币兑美元汇率与黄金价格不存在相关性，人民币汇率市场和中国黄金市场的总体相关性减弱，但人民币兑日元汇率与黄金价格的相关性显著增强。

（二）股票市场与黄金市场的价格联动

股票市场与黄金市场的价格联动主要体现了投资者对经济发展前景的预期，如果大家普遍对经济前景看好，则资金大量流向股票市场，股市投资热烈，黄金投资需求减少，金价下降；反之亦然。这种关系主要发生在影响力最大的股票指数上。

此外，股票市场对黄金市场有长期的收益替代效应。股票作为高风险高收益的投资品代表，可以兼顾投资者的资本增值需求和流动性需求，而黄金虽具有保值避险的优秀特性，但也有着实物资产的限制，这使得黄金市场的活跃度受到一定的影响。

（三）原油及其他贵金属市场与黄金市场的价格联动

黄金价格与国际原油价格一般呈现正向运行的互动关系，究其原因主要是由于国际原油价格与通货膨胀密切相关。随着通货膨胀的加剧，国际原油价格上涨，黄金的投资需求也会急剧上升，引起黄金价格随之上涨。

此外，国际原油市场通常以美元结算，而这些原油生产国大量出口原油，从而导致了极大的顺差。由于原油价格的上扬，产油国的原油美元储量迅速膨胀，为了规避依赖原油出口这一单一的产业结构，产油国往往将手中的原油美元投入国际金融市场。当原油出口收支不平衡时，原油生产国往往会抛售一部分黄金储备，导致世界黄金价格随之走低。

黄金与其他贵金属的价格间具有相当的关系，其中以白银走势对金价影响最大。从全球范围来看，白银定位为"黄金的替代投资品种"。作为替代品，无论是在社会生活还是商业领域，都具备投机性强、波动率大和持续时间短的特点。白银是国际市场上波动最剧烈的商品之一，其波动幅度远大于黄金。黄金与白银都属于贵金属，有学者选取 1999 年 8 月 27 日至 2006 年 7 月 18 日每个交易日的国际现货黄金、国际现货白银的收盘价进行筛选，通过对黄金和白银价格的线性比例分析和黄金与白银价格变动率的相关性分析，得出黄金与白银的价格之间具有线性相关性，且黄金价格和白银价格在变动趋势上具有一致性的分析结论。

1.按实训任务进行具体操作，对影响黄金市场价格走势的各因素进行分析，并根据分析结果进行黄金模拟投资。

2.写出完整的实训报告。

黄金价格的影响
因素分析

实训七

实物黄金投资

► **实训目的**

　　1.了解各种实物黄金投资品的基础知识和投资特点。

　　2.掌握获取相关市场信息并进行投资分析的能力。

► **实训内容**

　　1.了解纪念性黄金产品的特点和主要类型。

　　2.认识投资性黄金产品的类型和投资特点。

　　3.进行我国熊猫金币市场的调查。

　　（1）调查了解熊猫金币的主要销售渠道。

　　（2）收集并分析当年最新发行的熊猫金币的主要特点。

　　（3）收集一套纪念性金币的基本资料并分析其特点和投资风险。

► **实训知识**

　　主要的实物黄金投资品有：纪念性黄金产品、投资性金币和投资性金条（如图7-1）。

图7-1　主要的实物黄金投资

一、纪念性黄金产品

　　纪念性黄金产品是指限量发行并具有明确纪念主题和精美图案的精制黄金产

品，具有较高的艺术品特征，投资者多为投资增值和收藏、鉴赏用，主要包括纪念性金币和纪念性金条两大类。

（一）纪念性黄金产品的价格

纪念性黄金产品的价格往往与黄金本身的价格相距甚远，其投资风险远高于投资性黄金产品，但是，若投资选择得宜，获得的收益也往往是投资性黄金产品所不能比拟的。

纪念性黄金产品的价格主要由四方面因素决定：一是主题的特殊性；二是数量的稀少性；三是年代的久远性；四是品相的完整性。由于工艺和主题等原因，纪念性金币往往比纪念性金条更值得投资。

（二）纪念性金币

纪念性金币由于图案精美、纪念主题明确、单个投资门槛相对较低等优势，是纪念性黄金投资品中较受投资者青睐的品种（如图7-2）。

值得注意的是，在纪念币市场上经常会涌现自称有"极大收藏价值"的纪念性金币，这些金币动辄过万元一套，而且不断充斥着"价值惊人""绝版""限量发行"等字眼，其真假却难以分辨，因此在辨别纪念性金币真伪时需要注意以下几点：

购买纪念性金币收藏品时，要对该金币的背景情况有所了解，包括发行机构、工艺特点等。中国的黄金纪念币发售之前，中国人民银行会将该币的要素通过中国人民银行网站（http：//www.pbc.gov.cn）对外公布，中国金币总公司（http：//www.chngc.net）会通过网站及《中国金币》及时公布发售信息和相关的知识，投资者可以关注这些渠道的黄金纪念币信息，避免买到假货。

要仔细观察金币的质量。赝品的含金量往往都不高，有些所谓的纯度为99.9%的金币含金量仅为20%，甚至更低，且在工艺技术和质量方面，与真品也有较大差距。

通常权威机构发行的金币都附有带水印暗记的"鉴定证书"，如果对某一金币的品质有怀疑，也可以请相关专业机构进行鉴定。

图 7-2　各种发行的黄金纪念币图片

（三）纪念性金条

近年来，包括贺岁金条在内的纪念性金条受到很多个人和家庭的喜爱，但是需要注意的是，纪念性金条收藏易赚钱难，投资者需要谨慎。

在珠宝店里销售的各种纪念性金条，多数是珠宝店的自制金条，由于非限量，更倾向于归属工艺品，因此珠宝店在回收时，一般只按照普通黄金饰品的价格回收，增值的幅度并不是很大，不适合投资。限量发行的生肖金条属于系列产品，发售期限为 12 年，集齐 12 根的价值可能会更大，适合长线投资。不过由于年限较长、资金投入较大，在购买的时候还应量力而行，尽量购买权威机构发行的纪念性金条。

（四）纪念金章

纪念金章是相对于纪念金币而言的，在中国，有权力发行黄金纪念币的机构只有中国人民银行，中国金币总公司是中国唯一合法的纪念币经销公司。纪念金章小到个体公司，大到国家级的造币厂、钱币公司都可以发行和铸造，不属于货币而是工艺品。可见，目前市面上很多的所谓黄金纪念币其实都是纪念金章。

纪念金章如果发行部门比较权威、发行量比较小、题材也不错，同样有一定的收藏和投资价值，尤其是经过长时间收藏的纪念金章，价值会更大。

二、投资性金币

投资性金币是世界黄金非货币化后专门用于黄金投资的法定货币，一般采用固定图案，每年只更换年份，售价只比金价略高，称为"普制金币"，我国 1982 年开始发行的熊猫金币就是在国际上较负盛名的投资性金币之一。熊猫金币主要有 7 种规格，分别是 1/20 盎司、1/10 盎司、1/4 盎司、1/2 盎司、1 盎司、5 盎司、1 千克，正面图案均为北京天坛祈年殿，并刊国名、年份；背面图案均为熊猫嬉戏图，并刊面额、重量及成色，其市场价格涨跌基本上与同期国际市场上黄金价格涨跌同步（如图 7-3）。其中，1 盎司熊猫金币的价格涨跌与贵金属价格涨跌关系最密切。投资者可以到中国人民银行直属的中国金币总公司指定的各地特许零售商处购买熊猫金币，也可以在上海黄金交易所推出的移动交易平台"易金通"APP 上直接购买标准重量 30 克，成色为 99.9% 的熊猫普制金币。

图 7-3 2019 年发行的 1 千克熊猫金币形制

市场链接：熊猫普制金币现货合约

上海黄金交易所自 2018 年 9 月 12 日起在交易所交易平台上采用竞价撮合交易方式挂牌熊猫普制金币合约。

熊猫普制金币上市交易品种为中国人民银行发行、属于国家法定货币的熊猫普制金币。本次挂牌的规格为标准重量 30 克、成色为 99.9% 的熊猫普制金币。挂牌合约名称为熊猫金币 30 克，合约代码为 PGC30g；交易方式采用现货实盘交易，报价单位为元/克，最小价格变动 0.01 元，交易单位为手，每手 30 克。

上海黄金交易所
熊猫普制金币
交易细则

三、投资性金条

投资性金条加工费低廉，各种附加支出也不高，其中标准化金条是全球24小时连续报价，在全世界范围内都可以方便地买卖，并且世界大多数国家和地区都对此交易不征交易税。因此，对一般理财者而言，投资性金条是最合适的实物黄金理财品种。目前我国面向个人的投资性金条主要有上海黄金交易所的实物金和一些金融机构推出的品牌金条。

（一）上海黄金交易所的实物金

目前，上海黄金交易所面向个人的黄金投资品种主要为：Au99.99和Au100g，Au99.99和Au100g的最小交易量均为一手，每手对应的黄金单位为100克，实物最小提货单位分别为1千克和100克。对应地，参与个人黄金交易业务的投资者，可以分别提取成色不低于99.99%、标准重量为1千克的Au99.99金锭，以及成色不低于99.99%、标准重量为100克的Au100g金条（如图7-4）。目前，个人可以在中国工商银行、中国农业银行、中国建设银行、交通银行、兴业银行、广发银行、浦发银行、民生银行等绝大多数商业银行开户参与上海黄金交易所的实物金交易。

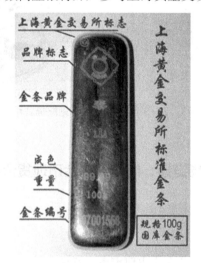

图7-4 上海黄金交易所Au100g标准金条

（二）品牌金条

目前市场上的品牌金条主要是由各家金融机构推出，包括建设银行的"龙鼎金"金条、农业银行的"招财进宝"金条和成都高赛尔的"高赛尔"金条等，大都为成色99.99%的足金。

四、黄金T+D投资

黄金T+D是可以杠杆操作的黄金现货，指以保证金交易方式进行交易，客户可以选择合约交易日当天交割，也可以延期交割，同时引入延期补偿费（简称延期费）机制来平抑供求矛盾的一种现货交易模式（合约见表7-1）。该产品最大的特点是采用保证金的方式进行交易，可以以较低的成本进行杠杆操作。目前，大多数商业银行均可代理个人交易黄金Au（T+D）。

黄金理财品种

表7-1 上海黄金交易所Au（T+D）标准合约

项目	标准
交易单位	1000克/手
报价单位	元（人民币）/克
最小变动价位	0.01元/克
每日价格最大波动限制	不超过上一交易日结算价±7%
合约期限	连续交易
实物交收方式	交收申报制
交易时间	早市为9:00—11:30（其中，周一早市时间为8:50—11:30）；午市为13:30—15:30；夜市为20:50—2:30
延期费收付日	按自然日逐日收付
延期费率	合约市值的万分之二/日
交割品级	99.95% 3千克标准金锭（99.99%1千克标准金锭可替代交割）
交易保证金	合约价值的10%
交易手续费	成交金额的万分之四
交式	实物交割
违约金比例	合约价值的8%

➤ **实训要求**

1.课内完成实训任务中的实物黄金产品的调查内容。

2.课后以2～3人为一组，调查市场上各银行和机构推出的品牌金条的主要情况，调查重点为：①品牌金条的主要销售渠道；②品牌金条的主要类型与成色；③各品牌金条的主要优势与特点。

2.写出完整的实训报告。

实训八

非实物黄金投资

> ## 实训目的

1. 了解纸黄金、黄金期货和期权、黄金 ETF 基金等非实物黄金投资品。

2. 熟悉各非实物黄金投资产品的风险和收益特点。

3. 掌握非实物黄金投资产品的当前市场现状，并能够进行基本的投资分析。

> ## 实训内容

1. 进行当前纸黄金投资品的市场调查。

（1）了解各家银行的纸黄金投资门槛及主要交易渠道（电话银行、网上银行、手机银行、柜台等）。

（2）了解各家银行纸黄金投资的主要交易流程及交易时间。

2. 进行黄金期货投资的基础性分析。

（1）对比不同期限黄金期货的价格情况，找出黄金期货价格最低和最高的月份。

（2）简要分析我国黄金期货价格的未来走势。

3. 了解我国黄金 ETF 产品的发行状况，分析其主要特点。

4. 了解我国主要的黄金股票情况并进行走势分析。

（1）在我国主要的黄金股票中选定一只，简述其业务发展情况和业务特色。

（2）从基本面和技术面完成对该黄金股票的投资分析报告，并分析其走势与现货黄金市场价格之间的关系。

5. 了解我国黄金期货的基本情况。

➤ **实训知识**

主要的非实物黄金投资产品有：纸黄金、黄金期货与期权、黄金 ETF 基金。（如图 8-1）。

图 8-1　主要的非实物黄金投资产品

一、纸黄金

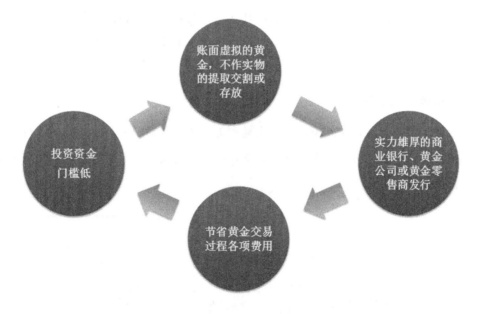

图 8-2　纸黄金交易特点示意图

纸黄金又称为"记账黄金"，是一种账面虚拟的黄金，一般由资金实力雄厚、资信程度良好的商业银行、黄金公司或大型黄金零售商发行，投资者只在账面上从事黄金交易的一种黄金投资产品。纸黄金交易特点见图 8-2。

中国银行的"黄金宝"是我国开发最早的个人纸黄金品种，目前国内各大银行大都开办了纸黄金业务，如工商银行的"金行家"、建设银行的"账户金"、招商银行的"招财金"等。纸黄金的报价是跟随黄金市场的波动情况，并加入各自银行的点差形成，一般分本币金价和外币金价。本币金报价单位为"元／克"，外币金报价单位为"美元／盎司"。

（一）纸黄金交易渠道

目前，各家银行常用的纸黄金交易渠道主要包括电话银行、网上银行、手机银行、柜台等，不同的银行交易渠道选择略有不同。

（二）纸黄金交易流程

1. 开立黄金账户

（1）电话银行黄金账户开立。一般利用各家银行的银行卡自助注册电话银行或前往银行网点申请开通电话银行，并在网点开立黄金账户、申请电话银行黄金业务。

（2）网上银行和手机银行黄金账户开立。一般需先在银行网点开通网上银行或者手机银行功能，在银行网站或者手机银行客户端上注册个人网上银行账户，并开立一个黄金账户，同时指定黄金交易的资金账户。

2. 纸黄金委托交易

纸黄金委托交易分为人民币黄金交易和美元黄金交易两大类。不同的银行操作界面有所区别，但是功能较为接近。如图 8-3 是工商银行网上银行纸黄金交易的流程示意图。

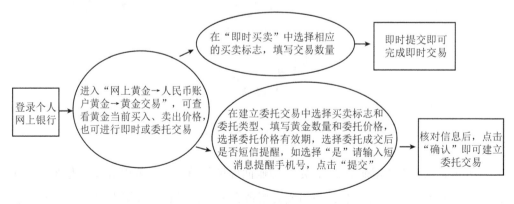

图 8-3　工商银行网上银行纸黄金交易流程示意图

市场链接：中国工商银行账户贵金属交易规则（部分内容）

一、交易品种

账户贵金属交易品种分为账户黄金、账户白银、账户铂金和账户钯金。

二、交易币种及交易单位

账户贵金属的交易币种包括人民币和美元，美元又分为美元现钞和美元现汇。人民币买卖账户贵金属的交易报价单位为"人民币元/克"，资金结算单位为人民币元，保留小数点后两位数字（四舍五入法）。美元买卖账户贵金属的交易报价单位为"美元/盎司"，资金结算单位为美元，保留小数点后两位数字（四舍五入法）。

三、交易类型

账户贵金属交易按照交易类型不同，分为先买入后卖出交易和先卖出后买入交易。两种交易类型相互独立，分别操作。

先买入后卖出交易指客户先买入账户贵金属，再卖出已买入账户贵金属的交易。客户卖出某种账户贵金属的每笔交易数量不能大于其先买入后卖出交易账户记载该账户贵金属的余额数量。客户以先买入后卖出交易方式买入账户贵金属称为买入开仓，卖出账户贵金属称为卖出平仓。

先卖出后买入交易指客户首笔交易为卖出交易，然后在卖出的数量内部分或全部买入账户贵金属的交易。客户买入某种账户贵金属的每笔交易数量不能大于其先卖出后买入交易账户记载该账户贵金属的余额数量。客户以先卖出后买入交易方式卖出账户贵金属称为卖出开仓，买入账户贵金属称为买入平仓。

四、交易方式

账户贵金属交易按照交易方式不同，分为实时交易、挂单交易、转换交易和定投交易。

（1）实时交易指客户按照中国工商银行的交易报价实时买卖账户贵金属的交易。

（2）挂单交易指客户提交挂单指令，当中国工商银行交易报价满足挂单条件时，按挂单价格买卖账户贵金属的交易。挂单交易包括获利挂单、止损挂单、双向挂单、循环挂单、一对多挂单、触发挂单和追加挂单。循环挂单及追加挂单不适用于先卖出后买入交易类型。

获利挂单指挂单价格优于实时交易报价的挂单，即客户挂单买入价低于当前银行卖出价或客户挂单卖出价高于当前银行买入价，当交易报价达到客户挂单价格时按挂单价格成交。

止损挂单指挂单价格劣于实时交易报价的挂单，即客户挂单卖出价低于当前银行买入价或客户挂单买入价高于当前银行卖出价，当交易报价达到客户挂单价格时按挂单价格成交。

双向挂单指同时订立的一个获利挂单和一个止损挂单组合。双向挂单中的任意一项挂单成交，另一项挂单即自动失效。

循环挂单指客户同时订立交易品种相同、挂单数量相同、交易方向相反、以及挂单买入价低于挂单卖出价的首笔和次笔两笔挂单。当中国工商银行相应报价达到首笔挂单价格时，首笔挂单成交，同时次笔挂单生效，之后当中国工商银行相应报价达到次笔挂单价格时，次笔挂单成交，同时首笔挂单再次生效，依次循环。挂单到期或客户撤销挂单，循环挂单失效。

一对多挂单指客户同时订立交易币种相同、交易品种不同、交易方向相同、按选择顺序排列的两个或两个以上一系列挂单。当中国工商银行相应报价达到其中一笔挂单的挂单价格时，该笔挂单成交，其他挂单失效；当相应报价同时达到多笔挂单的挂单价格时，排序最前的挂单成交，其他挂单失效。一对多挂单最多只能同时订立6个挂单。

触发挂单指客户订立以触发价格为生效条件的挂单，当中国工商银行相应报价达到触发价格时，交易挂单生效，之后当中国工商银行相应报价达到交易挂单价格时，挂单交易成交。

追加挂单指客户在获利挂单、止损挂单、双向挂单（统称主挂单）的基础上附加另一挂单，该挂单可以为获利挂单、止损挂单或双向挂单之一。追加挂单买卖方向须与主挂单买卖方向相反。追加挂单属于或有挂单，需与主挂单一并订立，并仅在主挂单成交后生效，当主挂单为双向挂单时，客户仅可选择在获利或止损一方追加挂单，双向挂单成交时，只有在主挂单成交方向追加的挂单才能生效。

挂单有效期包括24小时、48小时、72小时、96小时、120小时、当周有效和30天，其中当周有效的失效时间为当周六早4点,30天的有效期为720小时。获利、止损、双向、循环、一对多、触发挂单的有效期从挂单订立之时开始连续计算，追加挂单的有效期从主挂单订立之时起连续计算，均不区分中国工商银行交易时间与非交易时间，超出挂单有效期而未成交的挂单将自动失效。客户可在挂单有效期内撤销尚未成交的挂单，如主挂单附有追加挂单的，则主挂单撤销时追加挂单一并撤销，但单独撤销追加挂单时，主挂单不受影响。挂单生效后，客户完成挂单交易所需的外汇资金即被冻结（一对多挂单冻结所需资金最多的挂单金额）。在挂单指令成交、撤销或自动失效前，相应账户冻结的资金或账户贵金属不能用于办理其他事项。

（3）转换交易指客户将持有的一种账户贵金属按照中国工商银行相应报价转换成另一种账户贵金属或其他品种贵金属的交易。按照转换标的物的不同，分为账户贵金属间转换、账户贵金属转品牌贵金属以及账户贵金属转积存金交易。客户转出账户贵金属数量不能大于交易账户该品种账户贵金属余额。转换交易仅适用于先买入后卖出交易类型。目前转换交易支持账户黄金转品牌黄金，其他转换交易功能以中国工商银行实际提供为准。客户进行转换交易时，账户贵金属与品牌贵金属及积存金的转换价格（包括转入价、转出价）按相关交易规则计算。

（4）定投交易指客户设定定投计划，约定在一定期限内，以固定频度按照计划数量或金额定期买入账户贵金属的交易。定投交易仅适用于先买入后卖出交易类型。

定投计划分为按计划金额定投和按计划数量定投。按计划金额定投指客户以固定金额设定的定投计划。按计划数量定投指客户以固定数量设定的定投计划。

定投计划可分为按日定投或按月定投。按日定投指客户设定定投计划后，按照客户设定的定投计划要素每日执行定投计划。按月定投指客户设定定投计划后，按照客户设定的定投计划要素在每月的某一指定日执行定投计划。

定投计划的有效期限分为一年、三年、五年、八年和无固定期限。定投计划到期后（无固定期限除外）自动终止。

客户可在交易时间或非交易时间设定定投计划。客户可设定的定投计划数量最多30个。

五、交易起点数量和最小递增单位

人民币账户贵金属的实时、挂单、转换及按计划数量定投交易起点数量为1克，交易最小递增单位为0.1克；按计划金额定投交易起点金额100元，交易最小递增单位为100元。

美元账户黄金、铂金、钯金的实时、挂单、转换及按计划数量定投交易起点数量为0.01盎司，交易最小递增单位为0.01盎司；美元账户白银的实时、挂单及转换交易起点数量为1盎司，按计划数量定投交易起点数量为0.01盎司，交易最小递增单位为0.01盎司；美元账户贵金属按计划金额定投交易起点金额为10美元，交易最小递增单位为10美元。

中国工商银行可根据市场情况调整交易起点数量与交易最小递增单位。客户将先买入后卖出交易子账户的某种账户贵金属产品一次性全部卖出平仓，或先卖出后买入交易子账户中的某种账户贵金属产品一次性全部买入平仓时，不受交易起点数量和交易最小递增单位的限制。

六、交易报价

中国工商银行在综合考虑全球相关贵金属市场价格走势、国内人民币汇率走势、市场流动性等因素的基础上向客户提供交易报价，并可根据市场情况对交易报价进行调整。账户贵金属的交易报价包括银行买入价（即客户卖出价）、银行卖出价（即客户买入价）和账户贵金属转换报价。

银行买入价指中国工商银行向客户买入账户贵金属（即客户向中国工商银行卖出账户贵金属）的交易报价。

银行卖出价指中国工商银行向客户卖出账户贵金属（即客户向中国工商银行买入账户贵金属）的交易报价。

账户贵金属转换报价指客户进行账户贵金属之间及账户贵金属与品牌贵金属或积存金转换时的交易报价。对于账户贵金属间的转换，转换报价又称转换率，即转出账户贵金属的转出价与转入账户贵金属的转入价之比，其中转出价指客户转出账户贵金属的银行买入价，转入价指客户转入账户贵金属的银行卖出价；对于账户贵金属转品牌贵金属，转出价指客户转出账户贵金属的银行买入价，转入价是指中国工商银行相应销售渠道下的品牌贵金属卖出价；对于账户贵金属转积存金，转出价指客户转出账户贵金属的银行买入价，转入价指客户按照中国工商银行积存金卖出价转入积存金的价格。

七、交易时间

（1）营业网点

周一至周五：各营业网点实际营业时间。

（2）电子银行渠道

周一：07：00—24：00；

周二至周五：00：00—24：00；

周六：00：00—04：00。

（资料来源：中国工商银行官网 http://www.icbc.com.cn/）

二、黄金期货与期权

黄金期货与期权由于其高杠杆性，使得投资风险剧增，对投资者的风险控制能力是一大挑战，需要有较强的专业知识和对市场走势的准确判断才能胜任这类投资。

（一）黄金期货

期货是一种将来必须履行的买卖交易合约。黄金期货就是以黄金为买卖对象推出的一种统一的标准化合约。

目前，我国的黄金期货在上海期货交易所上市，主要包括保证金、交易单位、交割月份、交易时间、交割品级等要素（表 8-1）。其中，自 2019 年 12 月 10 日（9 日晚夜盘）起实施的《上海期货交易所黄金期货合约（修订案）》，将合约最小变动价位从原来 0.05 元 / 克调整为 0.02 元 / 克。

表 8-1 上海期货交易所黄金期货合约（修订案）

项目	标准
交易单位	1000 克 / 手
报价单位	元（人民币）/ 克
最小变动价位	0.02 元 / 克
涨跌停板幅度	上一交易日结算价 ±3%
合约月份	最近三个连续月份的合约以及最近 13 个月以内的双月合约
交易时间	上午 9:00—11:30 ，下午 13:30—15:00 和交易所规定的其他交易时间
最后交易日	合约月份的 15 日（遇国家法定节假日顺延，春节月份等最后交易日交易所可另行调整并通知）
交割日期	最后交易日后连续五个工作日
交割品级	金含量不小于 99.95% 的国产金锭及经交易所认可的伦敦金银市场协会（LBMA）认定的合格供货商或精炼厂生产的标准金锭（具体质量规定见附件）
交割地点	交易所指定交割金库
最低交易保证金	合约价值的 4%
交割方式	实物交割
交割单位	3000 克
交易代码	AU
上市交易所	上海期货交易所

1. 黄金期货保证金

根据上海期货交易所的规定，黄金期货合约最低保证金为 7%。随着黄金期货价格的波动，需要确保保证金的充足，而且越临近交割月份，保证金的比例也会不断提高。这也是黄金期货投资的风险所在，一旦保证金不足就可能被强制平仓，血本无归。

2. 黄金期货交割月份

目前，我国黄金期货的交割月份为最近三个连续月份的合约以及最近 13 个月以内的双月合约。在黄金期货的合约中"AU1912"表示 2019 年 12 月交割的黄金期货合约，期货交易实际上就是对这种"合约符号"的买卖。

值得注意的是，根据上海期货交易所的规定，如果自然人投资者买卖黄金期货，必须在交割月份前全部平仓。也就是说，居民个人是不在期货交易所进行黄金实物交割的，只能通过期货合约的价差获利。如果进入交割月份，自然人客户的持仓没有按规定调整为 0 手，交易所将根据规定，自进入交割月份的第一个交易日起（即从交割月份的第一个交易日到最后一个交易日）对其执行强行平仓，强行平仓发生的亏损由相关责任人承担。

3. 黄金期货套期保值

黄金期货套期保值是指在买进或卖出黄金现货的同时，在期货市场上卖出或买进黄金期货合约，通过期货市场买卖黄金期货合约，从而规避黄金现货市场中价格波动的风险。

黄金现货市场价格波动的风险主要可以分为两种：一种是价格下跌的风险，生产黄金的企业，担心未来黄金价格下跌，企业利润减少；另一种是价格上涨的风险，加工黄金的企业，担心未来黄金原材料价格上涨，企业成本增加。黄金期货套期保值则可以通过卖出黄金期货套期保值和买入黄金期货套期保值这两种最基本的操作方式来分别规避生产黄金企业和加工黄金企业的这两种风险。

（二）黄金期权

黄金期权是指按事先商定的价格、期限买卖数量标准化黄金的权利产品，是最近二十多年来出现的一种黄金理财品种。最早开办黄金期权交易是荷兰的阿姆斯特丹交易所，1981 年 4 月开始公开交易，以美元计价，黄金的成色为 99% 的 10 盎司黄金合同，一年可买卖四期。之后，加拿大的温尼伯交易所引进黄金期权交易。后来，英国、瑞士、美国都开始经营黄金或其他某些贵金属的期权交易。

上海期货交易所黄金
期权操作手册

黄金期权同其他商品和金融工具的期权一样，分为看涨黄金期权和看跌黄金期权。看涨期权的买者交付一定数量的期权费，获得在有效期内按商定价格买入数量标准化的黄金权利，卖者收取了期权费必须承担满足买者需求，随时按商品价格卖出数量标准化的黄金的义务。看跌期权的买者交付一定数量的期权费,获得了在有效期内按商定价格卖出数量标准化的黄金权利,卖出者收取期权费,必须承担买者要求随时按约定价格买入数量标准化的黄金的义务。

国外商品交易所黄金期货与期权交易情况见表8-2。

表8-2 国外商品交易所黄金期货与期权交易一览表

交易所	纽约商品交易所	芝加哥商品交易所	东京商品交易所
黄金产品	期货＋期权	期货＋期权	期货＋期权
交收成色	99.5 或以上	99.5 或以上	99.99
交易合约	每手 100 盎司	每手 100 盎司	每手 1000 克
报价单位	美元／盎司	美元／盎司	日元／克
交收模式	合约平仓＋现货交收	合约平仓＋现货交收	合约平仓＋现货交收
交易方式	交易所公开叫价和电子交易	电子交易	交易所公开叫价

目前,我国的黄金期权产品在上海期货交易所上市,合约主要包括标的物、交易单位、行权价格、行权方式等要素(表8-3)。

表8-3 上海期货交易所黄金期货期权合约(2020 年修订后)

合约标的物	黄金期货合约(1000 克)
合约类型	看涨期权,看跌期权
交易单位	1 手黄金期货合约
报价单位	元(人民币)／克
最小变动价位	0.02 元／克
涨跌停板幅度	与黄金期货合约涨跌停板幅度相同
合约月份	最近两个连续月份合约,其后月份在标的期货合约结算后持仓量达到一定数值之后的第二个交易日挂牌。具体数值交易所另行发布
交易时间	上午 9:00—11:30 下午 13:30—15:00 及交易所规定的其他时间
最后交易日	标的期货合约交割月前第一月的倒数第五个交易日,交易所可以根据国家法定节假日等调整最后交易日
到期日	同最后交易日
行权价格	行权价格覆盖黄金期货合约上一交易日结算价上下浮动 1.5 倍当日涨跌停板幅度对应的价格范围。行权价格≤ 200 元／克,行权价格间距为 2 元／克;200 元／克＜行权价格≤ 400 元／克,行权价格间距为 4 元／克;行权价格＞ 400 元／克,行权价格间距为 8 元／克

续表

行权方式	美式。买方可以在到期日前任一交易日的交易时间提交行权申请；买方可以在到期日 15:30 之前提出行权申请、放弃申请
交易代码	看涨期权：AU- 合约月份 -C- 行权价格 看跌期权：AU- 合约月份 -P- 行权价格

（资料来源：上海期货交易所）

三、黄金 ETF 基金

黄金 ETF 基金（Exchange Traded Fund）是一种以黄金为基础资产，追踪现货黄金价格波动的金融衍生产品，可以在证券市场交易。

2003 年，世界上第一只黄金 ETF 基金在悉尼上市。2004 年是黄金 ETF 大发展的一年。3 只黄金 ETF 相继设立，并成就了目前黄金 ETF 市场的巨无霸——SPDR Gold Shares 基金（纽交所代码 GLD）。该基金于 2004 年 11 月 18 日开始在纽约证券交易所（NYSE）交易。

黄金 ETF 基金的运行原理为：由大型黄金生产商向基金公司寄售实物黄金，随后由基金公司以此实物黄金为依托，在交易所内公开发行基金份额，销售给各类投资者，商业银行分别担任基金托管行和实物保管行，投资者在基金存续期间可以自由赎回。

黄金 ETF 在证券交易所上市，投资者可像买卖股票一样方便地交易黄金 ETF。交易费用低廉是黄金 ETF 的一大优势。投资者购买黄金 ETF 可免去黄金的保管费、储藏费和保险费等费用，只需交纳通常约为 0.3% 至 0.4% 的管理费用，相较于其他黄金投资渠道平均 2% 至 3% 的费用，优势十分突出。由于黄金价格较高，黄金 ETF 一般以 1 克作为一份基金单位，每份基金单位的净资产价格就是 1 克现货黄金价格减去应计的管理费用。其在证券市场的交易价格或二级市场价格以每股净资产价格为基准。

我国黄金 ETF 基金的发展

我国的黄金 ETF 基金始于 2013 年下半年才在深交所正式上市交易的华安黄金易 ETF 和易方达黄金 ETF，这是投资于上海黄金交易所黄金现货实盘合约，能跟踪黄金现货合约价格的交易型开放式基金。其后，以黄金 ETF 基金为主要投资对象的黄金 ETF 联接基金也不断增加。

市场链接：易方达黄金 ETF 基金与易方达黄金 ETF 联接基金

易方达黄金 ETF 基金全称为易方达黄金交易型开放式证券投资基金，其投资范围为具有良好流动性的金融工具，包括黄金现货合约（包括现货实盘合约、现货延期交收合约等）、债券、资产支持证券、债券回购、银行存款、货币市场工具等，其中投资于黄金现货合约的比例不低于基金资产净值的 95%，具有与上海黄金交易所 Au99.99 现货实盘合约相似的风险收益特征。

易方达黄金 ETF 联接基金是易方达黄金 ETF 的联接基金，基金财产以间接或直接的方式投资于黄金现货合约。为紧密追踪业绩比较基准表现，该基金投资于易方达黄金 ETF 基金的比例不低于基金资产净值的 90%，且不低于非现金基金资产的 80%。因此，长期来看，该基金的净值会随黄金市场和易方达黄金 ETF 净值的变化而波动，具有与易方达黄金 ETF 基金及其所代表的国内黄金现货品种类似的风险收益特征。

➤ **实训要求**

1. 按实训任务进行具体的调查、分析。
2. 写出完整的实训报告。